U0954463

北京高等学校青年英才计划项目
(Beijing Higher Education Young Elite Teacher Project)

家庭农场研究丛书

中国家庭农场的
政策与法律

主　编　肖　鹏
副主编　孙　威

中国农业出版社

图书在版编目（CIP）数据

中国家庭农场的政策与法律/肖鹏主编.—北京：中国农业出版社，2015.6
（家庭农场研究丛书）
ISBN 978-7-109-20174-3

Ⅰ.①中…　Ⅱ.①肖…　Ⅲ.①家庭农场—农场法—研究—中国　Ⅳ.①D922.44

中国版本图书馆CIP数据核字（2015）第031300号

中国农业出版社出版
（北京市朝阳区麦子店街18号楼）
（邮政编码 100125）
策划编辑　孙鸣凤

中国农业出版社印刷厂印刷　　新华书店北京发行所发行
2015年6月第1版　　2015年6月北京第1次印刷

开本：880mm×1230mm　1/32　　印张：6.125
字数：170千字
定价：30.00元
（凡本版图书出现印刷、装订错误，请向出版社发行部调换）

《中国家庭农场的政策与法律》编委会

主　编　肖　鹏

副主编　孙　威

编　者　朱信利　向　森　叶苏达

前　言

2008年中共十七届三中全会通过《中共中央关于推进农村改革发展若干重大问题的决定》，家庭农场作为规模经营主体首次被提出。2013 年中央1号文件将家庭农场明确为新型农业经营主体，并且确认了包括家庭农场在内的新型农业经营主体在土地承包经营权流转中的优先地位。2013年中共十八届三中全会通过《中共中央关于全面深化改革若干重大问题的决定》，强调土地承包经营权在公开市场上向家庭农场等新型农业经营主体流转。2014年中央1号文件明确家庭农场按照自愿原则进行登记。2014年11月20日，中共中央办公厅、国务院办公厅印发《关于引导农村土地经营权有序流转发展农业适度规模经营的意见》，一方面明晰了家庭农场的概念，将之明确为引领适度规模经营、发展现代农业的有生力量，并通过建立示范家庭农场名录，健全管理服务制度，加强示范引导；另一方面确立了家庭农场、专业大户在土地经营权流转中优先于农民合作社和农业企业的地位。2015年中央1号文件明确提出“鼓励发展规模适度的农户家庭农场”。

家庭农场是我国新型农业经营主体之一。自2008年首次提出至今，尤其是自2013年中央1号文件中被确立为新型农业经营主体以来，家庭农场的概念、地位等问题逐渐明晰，土地经营权流转作为家庭农场培育和发展的基本前提也得到确认。家庭农场培育和发展引起了社会各界广泛的关注。但是，相比于其他三类新型农业经营主体，家庭农场在我国仍然属于新生事物，诸多与家庭农场相关的制度仍有待于进一步完善。目前，家庭农场的培育和发展主要基于政策层面的规范，对家庭农场法律问题的研究亟待深入。

正基于此，2013年10月，萌发了编写《家庭农场研究丛书》，围绕家庭农场相关法律问题展开探讨的想法。2015年中央1号文件提出："逐步完善覆盖农村各类生产经营主体方面的法律法规"。期望本丛书的出版，能为我国家庭农场立法提供有益参考，为加强我国农村法治建设尽绵薄之力。

《家庭农场的政策与法律》一书，共分为六章，以我国现行家庭农场的政策和法律为依据，介绍了家庭农场的概念、认定标准、登记和扶持政策等基本情况，并从与家庭农场的培育和发展息息相关的土地承包经营权流转、农业补贴、金融服务、农产品质量安全和教育培训五个方面，阐述了家庭农场现有的政策和法律。对家庭农场现有政策和法律的梳理，是家庭农场法律问题深入研究的基础，也能为我国现阶段家庭农场培育和发展提供基本依据。

肖　鹏

2015年2月，于中国农业大学民主楼

目录

第一章 家庭农场概述

2008年中共十七届三中全会通过的《中共中央关于推进农村改革发展若干重大问题的决定》指出：“有条件的地方可以发展大户、家庭农场、农民专业合作社等规模经营主体。”

2013年中央1号文件《中共中央、国务院关于加快发展现代农业，进一步增强农村发展活力的若干意见》明确指出：“继续增加农业补贴资金规模，新增补贴向主产区和优势产区集中，向专业大户、家庭农场、农民合作社等新型生产经营主体倾斜。”“坚持依法自愿有偿原则，引导农村土地承包经营权有序流转，鼓励和支持承包土地向专业大户、家庭农场、农民合作社流转，发展多种形式的适度规模经营。”“创造良好的政策和法律环境，采取奖励补助等多种办法，扶持联户经营、专业大户、家庭农场。”“充分利用各类培训资源，加大专业大户、家庭农场经营者培训力度，提高他们的生产技能和经营管理水平。”

2013年中共十八届三中全会通过的《中共中央关于全面深化改革若干重大问题的决定》明确指出，“鼓励承包经营权在公开市场上向专业大户、家庭农场、农民合作社、农业企业流转，发展多种形式规模经营”。

2014年中央1号文件《关于全面深化农村改革加快推进农业现代化的若干意见》指出：“扶持发展新型农业经营主体。……按照自愿原则开展家庭农场登记。”

发展家庭农场具有重要意义，2014年2月24日，《农业部关于促进家庭农场发展的指导意见》（以下简称《指导意见》）中指出："当前，我国农业农村发展进入新阶段，要应对农业兼业化、农村空心化、农民老龄化，解决谁来种地、怎样种好地的问题，亟须加快构建新型农业经营体系。家庭农场作为新型农业经营主体，以农民家庭成员为主要劳动力，以农业经营收入为主要收入来源，利用家庭承包土地或流转土地，从事规模化、集约化、商品化农业生产，保留了农户家庭经营的内核，坚持了家庭经营的基础性地位，适合我国基本国情，符合农业生产特点，契合经济社会发展阶段，是农户家庭承包经营的升级版，已成为引领适度规模经营、发展现代农业的有生力量。"

一、家庭农场的概念

农业部《关于开展家庭农场调查工作的通知》中指出："家庭农场，是指以家庭成员为主要劳动力，从事农业规模化、集约化、商品化生产经营，并以农业为主要收入来源的新型农业经营主体。"

各地地方政府在有关家庭农场的相关文件中对家庭农场的概念也做了相关规定。

《上海市人民政府办公厅关于本市加快推进家庭农场发展的指导意见》规定："家庭农场是指以家庭成员为主要劳动力，从事农业规模化、集约化、商品化生产经营，并以农业为主要收入来源的新型农业经营主体。"

《山东省家庭农场登记试行办法》第一条规定："以家庭或家庭成员为主要投资、经营者，通过经营自有或租赁他人承包的土地、林地、山地、水域等，从事适度规模化、集约化、商品化农、林、牧、渔业生产经营的，可以依法登记为家庭农场。”

《浙江省家庭农场登记暂行办法》第二条规定：“本办法所称的家庭农场是指以家庭成员为主要劳动力，从事农业规模化、集约化、商品化生产经营，并以农业收入为家庭主要收入来源的新型农业经营主体。”

《河南省工商行政管理局关于做好家庭农场登记管理工作的意见》第一条规定：“在本省行政区划内，以家庭成员为主要经营者，通过经营自己承包或租赁他人承包的农村土地、林地、山地、水域等，从事适度规模化、集约化、商品化农业生产经营的，均可以依法登记为家庭农场。”

《安徽省人民政府办公厅关于培育发展家庭农场的意见》规定：“家庭农场是以农户家庭为基本生产经营单位，以家庭成员为主要劳动力，从事农业规模化、集约化、商品化生产经营，并以此作为家庭主要收入来源的农业生产经营主体。”

《广西壮族自治区工商局关于支持家庭农场发展的意见》规定：“家庭农场是以家庭成员为主要劳动力或生产经营者，从事农业规模化、集约化、商品化生产经营，并以家庭农场农业收入为家庭主要收入来源的新型农业生产经营主体。各地可在发展过程中不断完善家庭农场的内涵、外延。”

《云南省家庭农场工商登记注册试行办法》第二条规定：“本办法所称家庭农场是指以农村土地承包经营权流转集中经营为基础，以家庭（成员）投资和生产经营为主要形式，具有一定生产经营规模的农业生产经营主体。”

《连云港市市级家庭农场认定管理暂行办法》第二条规定：“家庭农场是指在坚持家庭经营为基础、统分结合的双层经营的基本制度前提下，以家庭成员为主要劳动力，从事农业规模化、集约化、商品化生产经营，并以农业生产为主要收入来源的新型农业经营主体。”

《指导意见》指出，家庭农场的基本特征包括三个方面：

第一，家庭农场经营者主要是农民或其他长期从事农业生产的人员，主要依靠家庭成员而不是依靠雇工从事生产经营活动。

第二，家庭农场专门从事农业，主要进行种养业专业化生产，经营者大都接受过农业教育或技能培训，经营管理水平较高，示范带动能力较强，具有商品农产品生产能力。

第三，家庭农场经营规模适度，种养规模与家庭成员的劳动生产能力和经营管理能力相适应，符合当地确定的规模经营标准，收入水平能与当地城镇居民相当，实现较高的土地产出率、劳动生产率和资源利用率。

二、家庭农场的认定标准

家庭农场认定标准的确定是家庭农场培育和发展的前提条件，合理的家庭农场认定标准对于完善我国农业经营主体制度，加快构建新型农业经营体系具有非常重要的意义。

农业部**《关于开展家庭农场调查工作的通知》**提出：“纳入本次调查的农场应符合以下条件：（1）家庭农场经营者应具有农村户籍（即非城镇居民）。（2）以家庭成员为主要劳动力。即：无常年雇工或常年雇工数量不超过家庭务农人员数量。（3）以农业收入为主。即：农业净化收入占家庭农场总收益的80%以上。（4）经营规模达到一定标准并相对稳定。即：从事粮食作物的，租期或承包期在5年以上的土地经营面积达到50亩[①]

① 亩为非法定计量单位，1亩≈666.7米^2。下同。——编者注

（一年两熟制地区）或100亩（一年一熟制地区）以上；从事经济作物、养殖业或种养结合的，应达到当地县级以上有关部门确定的规模标准。（5）家庭农场经营者应接受过农业技能培训。（6）家庭农场经营活动有比较完整的财务收支记录。（7）对其他农户开展农业生产有示范带动作用。”

结合各地的实际情况，各地地方政府对于家庭农场的认定标准做了不同的规定：

《山东省家庭农场登记试行办法》第一条第二款规定：“依法申请登记的家庭农场应符合以下条件：（1）家庭农场经营者应具有农村户籍；（2）以家庭成员为主要劳动力；（3）以农业收入为家庭收入主要来源；（4）经营规模相对稳定，土地相对集中连片。土地租期或承包期应在5年以上，土地经营规模达到当地农业部门规定的种植、养殖要求。”

《云南省家庭农场工商登记注册试行办法》第三条规定：“家庭农场应具备以下基本条件：（1）以家庭（成员）为主要投资经营者。（2）以农业种植、养殖为主。（3）土地承包经营权流转年限3年以上。”

《安徽省示范家庭农场认定办法（试行）》第四条规定：（1）适度规模经营。种植业：粮油集中连片规模在200亩以上，设施蔬菜（含瓜果，下同）达到20亩以上，露地蔬菜达到200亩以上。畜牧业：生猪年出栏达到1 000头以上，羊年出栏达到500头以上，奶牛年存栏50头以上，家禽年出栏10万羽以上。水产养殖业：规模养殖面积达到100亩以上。经果：葡萄、苗木花卉、茶叶等达到100亩以上。林业：山区不小于300亩，丘陵地区不小于200亩，平原区不小于100亩。特种种养业达到100亩以上，种养结合的综合性农场在200亩以上。（2）土地流转年限在5年以上（以流转合同为准）；林场经营的土地权属清楚、协议完备，土地流转年限不低于20年。(3) 有与生产经营相适应的场房场地和处理日常事务的场所。(4) 有与生产经营相适应的生产基础、配套设施，农业机械装备，农业生产主要环节基本实现机械化。(5) 按照质量标准和生产技术规程进行生产，生产投入品的采购和使用有详细记录，并建立档案，做到产品质量可追溯；产品销售基本上实现订单化。(6) 产品有“三品一标”认证或使用，即：无公害农产品、绿色食品、有机食品或农产品地理标志，拥有自主品牌和注册商标，实行品牌化经营。(7) 运用农业科技知识和信息化手段服务生产全程，提高生产经营水平。(8) 土地产出率、经济效益提升明显，家庭农场年纯收入10万元以上，其成员年人均纯收入高于本县（市、区）农民人均纯收入40%以上；省示范家庭林场年纯收入高于其他同类农户20%以上，对周边农户具有示范带动效应。

《连云港市市级家庭农场认定管理暂行办法》第五条规定家庭农场的申报条件包括基本条件、必备条件、其他条件和排除条件4类。

> 基本条件包括：(1) 农场主应为具有农场所在村户籍、从事农业生产经营的农户，本人在当地从事农业生产经营3年以上。(2) 农场主年龄原则上控制在男性55岁以下、女性年龄50岁以下，一般应具有高中以上文化程度。(3) 家庭农场以家庭成员为主要劳动力，家庭成员在本农场固定从业不少于2人，以农业收入为主要经济来源。(4) 家庭农场承包土地必须具有土地流转合同等合法规范的证件。(5) 家庭农场经营的土地流转年限不得少于5年，但不得突破农村二轮土地承包剩余期限。
>
> 必备条件包括：(1) 规模适度。①粮油作物连片

面积300亩以上，设施蔬菜面积50亩以上；②母猪存栏50头以上，生猪、肉牛和羊年出栏分别达到1 000头、80头和500只以上；肉禽出栏5万羽以上，蛋禽存栏1万羽以上；③花卉苗木、果园200亩以上；④渔业核心区面积连片100亩以上；⑤种养结合综合性农场200亩以上。（2）场所固定。有与生产经营相适应的场房场地，具备基本的管理办公条件，相关生产管理制度齐全，并上墙公开。家庭农场必须经过当地农经部门认定，或经工商部门登记注册，注册资本金不少于10万元，取得工商营业执照，设立家庭农场标志牌。（3）配套齐全。家庭农场创办人必须具有相应的农业生产经营技能、科学技术、管理经验和农业机械等物质装备，硬件投入达到50万元以上，生产主要环节基本实现机械化，具备基本的防灾抗灾能力。（4）运作规范。按生产订单化、技术标准化、产出品牌化、营销网络化、管理制度化的“五化”要求规范运行。有规范的生产标准和技术规程，产品符合质量安全要求；从事畜禽养殖的家庭农场需取得畜禽养殖备案登记和《动物防疫条件合格证》，具备完善的污水处理设施；种养结合型家庭农场采用生态循环农业生产模式；有完整的财务收支档案。（5）效益明显。土地产出率、经济效益明显提升，家庭农场亩均产出和经营效益比普通农户高出20%以上；对周边农户具有较好的示范带动作用；实现清洁生产，废弃物集中清理，生态环境具有可持续性。

其他条件：转业回乡退伍军人、大中专毕业生、农业技术人员、残疾人创办家庭农场，在同等条件下优先认定。

排除条件：已在工商部门注册登记为农民专业合作社、农业企业等经营实体通过变更名称申报家庭农场，一律不予认定。

《南宁市家庭农场申报认定暂行规定》第四条规定，申报家庭农场应符合以下条件：

（1）围绕我市粮食、蔬菜、水果、蚕桑、水产、畜牧、花卉苗木等特色主导产业建设，根据实际情况确定生产经营规模，相对集中连片，适合新品种推广和新技术应用，机械化操作水平较高，适合以家庭为单位进行经营管理。

（2）申报主体条件。①在我市行政区域内以家庭成员为主要劳动力，从事农业生产经营并以农业净收入占家庭农场总收益80%以上的农业经营主体。②家庭农场由当地县（区）工商行政管理部门登记注册，家庭农场的注册名称必须含有“家庭农场”字样。③严格按照有关标准进行生产经营，确保农产品质量安全。

（3）建设规模与标准。

种植业：①经营的土地流转年限不得低于5年，具有规范的土地流转合同，经营土地相对集中连片，农业种植经营面积50～300亩，花卉种植经营面积20亩以上。②有生产基础设施和机械化设备配套，充分发挥农业机械化作用。③注重可持续发展，生产效率较高，对周边农户有示范带动效应。④清收和处理好各种农业生产废弃物，控制农药、化肥等过量使用，大力推广农业清洁生产实用技术，防治农业面源污染。

养殖业：

1）畜牧类

——基本条件：①距离铁路、公路、城镇和居民区、学校、医院等公共场所1 000米以上；②距离其他畜禽养殖场所1 000米以上；③距离畜禽屠宰场、畜禽产品加工厂、畜禽交易市场、垃圾及污水处理场所等区域2 000米以上；④非自然保护区的核心区及缓冲区、风景名胜区、生活饮用水水源保护区、基本农田保护区内；⑤有与其饲养规模相适应的生产场所和配套的生产设施；⑥有为其服务的畜牧兽医技术人员；⑦有对畜禽粪便、废水和其他固体废弃物进行综合利用的沼气池等设施或者其他无害化处理设施；⑧具备法律、法规和国务院畜牧兽医行政主管部门规定的其他条件。

——规模标准（符合以下标准之一）：①母猪：建设猪栏1 000米^{2}以上，存栏100头以上；②肉猪：建设猪栏2 000米^{2}以上，年出栏2 000头以上；③肉牛：建设牛舍1 000米^{2}以上，年出栏50头以上；④奶牛：建设牛舍500米^{2}以上，存栏50头以上；⑤肉羊：建设羊舍500米^{2}以上，年出栏300只以上；⑥肉兔：建设兔舍1 000米^{2}以上，年出栏5 000只以上；⑦蛋鸡：建设鸡舍1 000米^{2}以上，年存笼10 000羽以上；⑧肉鸡、肉鸭：建设鸡或鸭舍1 000米^{2}以上，年出笼20 000羽毛以上。

——技术标准：有较稳定的技术依托单位，业已建成规模畜禽养殖农场，具备固定的场地场房和场区围墙、消毒池，功能分区明显，以动物粪便再生能源循环利用为排污处理模式，具有一定规模的“畜禽—沼池—种植”系统，动物疫病防控和抗灾能力较强。

2）水产类

——基本条件：①持有《水域滩涂养殖证》；②养殖地址、养殖方式和养殖规模，应遵循所在县、区的2011—2020年养殖水域滩涂规划的有关规定；③有与其养殖规模相适应的生产场所和配套的生产设施，并按有关规定进行规范管理；④有为其服务的水产技术人员；⑤有对养殖用水排出带来的富营养化水体和残留药物进行综合利用或者其他无害化处理设施。

——规模标准（符合以下标准之一）：①标准池塘20亩以上，产量2万千克以上；②网箱养殖200米^{2}以上，产量1万千克以上；③养鳖池塘5亩以上，产量0.3万千克以上；④养龟1 000只以上，产量0.2万千克以上；⑤四大家鱼等常规品种繁育场，年生产3亿尾以上；⑥虾苗繁育场，年生产虾苗3 000万尾以上；⑦龟鳖繁育场，年生产龟苗500只以上，鳖苗10 000只以上；⑧其他特种养殖及苗种繁育，家庭年收入达到10万元以上。

《南宁市家庭农场申报认定暂行规定》第八条规定："出现下列情况的，取消家庭农场资格：（1）家庭农场在申报和复审过程中提供虚假材料或存在舞弊行为的，一经查实，已经认定的家庭农场取消家庭农场资格。（2）家庭农场因经营不良，资不抵债而破产或被兼并的，取消家庭农场资格。（3）家庭农场经营中违反国家产业政策，存在违法违纪行为的，取消家庭农场资格。（4）家庭农场发生重大生产安全事故和重大质量安全事故的，取消家庭农场资格。（5）家庭农场不按规定要求按时提供年审材料，或拒绝参加年审的，自动取消家庭农场资格。"

通过对上述家庭农场认定标准的分析，可以得出以下结论：

第一，家庭农场认定标准实质上是对家庭农场特征的进一步细化，基本上都是从家庭经营、进行农业生产、以农业收入为主和适度规模经营4个方面制定认定家庭农场的具体规则。

第二，由于各地农业生产情况的差异，在家庭农场认定标准方面差异较大。例如：山东省要求家庭农场的土地租期或承包期应在5年以上，云南省则要求土地承包经营权流转年限3年以上。

第三，家庭农场认定标准的制定应逐步细化，除了在全国和各省级政府制定较为原则性的规定，地市级人民政府和基层人民政府应该结合各地农业实际情况，确立可操作的具体规则。

三、家庭农场的登记

家庭农场经过认定之后，通过登记确定其市场主体资格。各地地方政府对如何进行家庭农场登记做了相关规定，主要包括以下几个方面：

（一）家庭农场登记的选择

家庭农场是否必须登记，各地规定不同，主要包括自愿登记和强制登记两类。

自愿登记，是指家庭农场根据需要，自愿选择是否登记。例如，《河南省工商行政管理局关于做好家庭农场登记管理工作的意见》规定："家庭农场根据自身条件和发展需要，自主选择登记。"《山东省家庭农场登记试行办法》第二条规定："家庭农场登记申请人自愿选择登记。"

强制登记，是指家庭农场必须进行登记。例如，《浙江省家庭农场登记暂行办法》第三条规定："申办家庭农场应当依法注册登记，领取营业执照，取得市场主体资格。”

（二）家庭农场的组织形式

家庭农场的组织形式，是指家庭农场在登记时选择的组织形式，主要包括个体工商户、个人独资企业、合伙企业和有限责任公司等形式。各地地方政府在家庭农场的组织形式方面，允许家庭农场根据自身条件和发展需要，自主选择不同的组织形式。

《河南省工商行政管理局关于做好家庭农场登记管理工作的意见》规定："按照现行的登记制度和现有的市场主体类型，家庭农场可申请登记为个体工商户、个人独资企业，符合法律法规规定条件的，也可以申请登记为合伙企业或有限责任公司。”

《山东省家庭农场登记试行办法》第二条规定："家庭农场登记申请人自愿选择登记及组织形式。家庭农场可登记为个体工商户、个人独资企业。符合法律法规规定条件的，也可以申请登记为合伙企业、公司等其他组织形式。家庭农场办理工商登记后，可以成为农民专业合作社的单位成员或公司的股东。农村家庭成员超过5人，可以自然人身份登记‘家庭农场专业合作社’。”

《浙江省家庭农场登记暂行办法》第五条："家庭农场可以根据生产规模和经营需要，申请设立为个体工商户、个人独资企业、普通合伙企业或者公司。”

《广西壮族自治区工商局关于支持家庭农场发展的意见》规定："家庭农场向工商行政管理机关申请主体资格登记，可根据自身的发展规模、经营特点和需要，申请登记为个体工商户、个人独资企业、合伙企业或有限责任公司。登记机关可委托工商行政管理所办理个体工商户、个人独资企业、合伙企业家庭农场登记注册事务。”

《云南省家庭农场工商登记注册试行办法》第四条规定：“家庭农场的组织形式可根据其投资和生产经营情况以及申请人意愿，从个体工商户、个人独资企业、合伙企业、有限责任公司四种市场主体组织形式中选择其一。其中，登记为个体工商户的组织形式应为家庭经营。”

（三）家庭农场的登记机关

家庭农场的登记机关，是指家庭农场应由何种机关负责登记。根据我国目前家庭农场的实践情况，家庭农场一般由工商行政管理机关负责登记。

《河南省工商行政管理局关于做好家庭农场登记管理工作的意见》规定：“家庭农场登记由其经营场所（或住所）所在地县（市）工商局以及省辖市工商分局负责，可以委托符合条件的工商所以登记机关名义办理个体工商户家庭农场登记事务。”

《山东省家庭农场登记试行办法》第三条规定：“家庭农场由其经营场所或住所所在县、不设区的市工商行政管理局以及市辖区工商行政管理分局负责登记，法律法规另有规定的除外。登记机关可以委托符合条件的工商所以登记机关名义办理家庭农场登记。委托权限、主体类型等应报市工商行政管理局备案。”

《浙江省家庭农场登记暂行办法》第四条规定：“工商部门是家庭农场的登记机关，按照登记权限分工，负责本辖区内家庭农场的注册登记。”

《广西壮族自治区工商局关于支持家庭农场发展的意见》规定：“家庭农场向工商行政管理机关申请主体资格登记。”

《云南省家庭农场工商登记注册试行办法》第五条规定：“家庭农场的登记主管机关应为与家庭农场四种组织形式相对应

的登记主管机关。”

（四）家庭农场的名称

家庭农场在登记时应当符合各地有关家庭农场名称的相关规定。一般而言，家庭农场在登记时，其名称中应当明确“家庭农场”的字样。

《河南省工商行政管理局关于做好家庭农场登记管理工作的意见》第四条：“家庭农场名称中应当标注‘家庭农场’字样。支持家庭农场以经营者姓名、商标作为字号，或以字号申请商标注册。”第五条：“申请登记为个体工商户类型的家庭农场，依据《个体工商户条例》及相关规定办理登记。个体工商户家庭农场名称统一规范为‘行政区划+字号+家庭农场’。申请登记为个人独资企业类型的家庭农场，依据《个人独资企业法》及相关规定办理登记。个人独资企业家庭农场名称统一规范为‘行政区划+字号+家庭农场’或‘行政区划+字号+行业+家庭农场’。申请登记为合伙企业类型的家庭农场，依据《合伙企业法》及相关规定办理登记。合伙企业家庭农场名称统一规范为‘行政区划+字号+家庭农场（普通合伙或有限合伙）’或‘行政区划+字号+行业+家庭农场（普通合伙或有限合伙）’。申请登记为有限责任公司类型的家庭农场，依据《公司法》及相关规定办理登记。公司制家庭农场名称统一规范为‘行政区划+字号+家庭农场+有限（责任）公司组织形式’或‘行政区划+字号+行业+家庭农场+有限（责任）公司组织形式’。上述市场主体名称中使用行业用语的，应依照国民经济行业分类中有关农林牧渔业细分类别用语表述。”

《山东省家庭农场登记试行办法》第四条规定：“家庭农场

名称由行政区划、字号、家庭农场依次组成，家庭农场可以与农民专业合作社、公司等其他组织形式联用，但其申请行业和组织形式表述应符合所依据法律法规的规定。支持家庭农场以经营者姓名、商标作为字号，或以字号申请商标注册。”

《浙江省家庭农场登记暂行办法》第六条规定：“家庭农场申请工商登记的，其企业名称中可以使用‘家庭农场’字样。以公司形式设立的家庭农场的名称依次由行政区划、商号、‘家庭农场’和‘有限公司（或股份有限公司）’字样四个部分组成。以其他形式设立的家庭农场的名称依次由行政区划、商号和‘家庭农场’字样三个部分组成。其中，普通合伙企业应当在名称后标注‘普通合伙’字样。”

《云南省家庭农场工商登记注册试行办法》第六条规定：“家庭农场的登记名称应包含‘家庭农场’字样。以个体工商户、个人独资企业、合伙企业形式登记的家庭农场，名称由行政区划、字号、行业、‘家庭农场’等四个部分依次组成。以公司形式登记的家庭农场，名称由行政区划、字号、行业、‘家庭农场’、‘有限（责任）公司’等五个部分依次组成。名称中的行业表述依申请可以省略。”

（五）家庭农场的住所

家庭农场的住所，是家庭农场作为市场主体参与市场活动，集中发生法律关系的地点。家庭农场应当具备住所。

《河南省工商行政管理局关于做好家庭农场登记管理工作的意见》第六条规定：“家庭农场的经营场所（或住所）可以是经营者所在地家庭住址，也可以是种植、养殖地所在村址。家庭农场按个体工商户、个人独资企业、合伙企业形式举办的，其设立申请材料中无法提供经营场所权属证明的，可由所在村民委员会或乡（镇）政府出具该场所使用证明；按公司形式举办的，其住所登记按《公司登记管理条例》和国家工商总局有关规定办理。”

《山东省家庭农场登记试行办法》第五条规定：“家庭农场的经营场所（住所）可以是经营者所在地家庭住址，也可以是种植、养殖地所在村址。”

《浙江省家庭农场登记暂行办法》第八条第二款规定：“家庭农场无法提交住所或者经营场所使用证明的，可以持乡镇、村委会出具的同意在该场所从事经营活动的相关证明办理注册登记。”

《云南省家庭农场工商登记注册试行办法》第七条规定：“家庭农场的登记经营场所（地址、住所）可为其农村家庭住址，也可以是其种植、养殖主要生产经营场所。不能提交经营场所（地址、住所）权属及使用证明的，可凭乡（镇）人民政府或村委会证明办理登记。”

（六）家庭农场的经营范围

家庭农场的重要特征之一是进行农业生产。但是农业生产的范围较为广泛，需要对其做出明确规定。

《河南省工商行政管理局关于做好家庭农场登记管理工作的意见》第七条规定：“家庭农场的经营范围，以农业种植、养殖为主，可以种养结合或兼营相关研发、加工、销售以及农场休闲观光服务。不涉及前置许可的可直接核定为‘家庭农场经营’或依申请按具体项目核定；涉及前置许可的，应依法办理有关手续。”

《山东省家庭农场登记试行办法》第六条规定：“家庭农场可以在从事农、林、牧、渔种植、养殖业的基础上，兼营相关研发、加工、销售或服务。家庭农场申请一般经营项目的，经营范围可以核定为家庭农场经营，也可依申请按具体项目核定，涉及前置许可的，要先办理有关许可手续后，再开展经营活动。”

《浙江省家庭农场登记暂行办法》第七条第一款规定：“家庭农场的经营范围应当根据其申请核定为‘**（农作物名称）的种植、销售；**（家畜、禽或水产品）的养殖、销售；种植、养殖技术服务’。”

《云南省家庭农场工商登记注册试行办法》第八条规定：“家庭农场的经营范围应以农业种植、养殖为主，鼓励开展多种经营。经营范围涉及前置许可的应先取得相关部门的前置许可。”

（七）家庭农场的出资

家庭农场的出资形式，既可以依据其自主选择组织形式的相关规定，也可以做出专门的规范。各地家庭农场登记时，如果没有例外规定，家庭农场的出资应当按照不同组织形式的相关规定办理。

《河南省工商行政管理局关于做好家庭农场登记管理工作的意见》第八条规定：“家庭农场申请人可按有关规定以货币、实物、土地承包经营权、知识产权、股权、债权、技术等多种形式、方式出资。家庭农场按个体工商户、个人独资企业、合伙企业举办的，其出资采用自行申报制；按公司形式举办的，其出资应符合其登记所依据的法律法规等有关规定。”

《山东省家庭农场登记试行办法》第七条规定：“家庭农场申请人可以以货币、实物、土地承包经营权、知识产权、股权、技术等多种形式、方式出资，家庭农场按个体工商户、个人独资企业、合伙企业及农民专业合作社举办的，其出资采用自行申报制；其他组织形式举办的，应符合其登记所依据的法律法规。”

（八）家庭农场登记的申报材料

家庭农场登记时需要提供相应材料。不少地方对家庭农场登记的申报材料做了明确规定。

《山东省家庭农场登记试行办法》第八条规定：“申请家庭农场设立登记应当提交下列登记材料：（1）设立登记申请书；（2）申请人身份证明；（3）《农村土地承包经营权证》、《林权证》、《农村土地承包经营权流转合同》等经营土地、林地的证明。申请登记的经营范围中有法律法规规定必须在登记前报经批准的项目，应当提交有关许可证书或者批准文件复印件；在未取得批准前，可先行办理筹建登记。委托代理人办理的，还应当提交经营者签署的《委托代理人证明》及委托代理人身份证复印件。以合伙企业、农民专业合作社、公司等形式登记的家庭农场设立登记按国家工商总局提交材料规范执行。”

《浙江省家庭农场登记暂行办法》第八条规定：“家庭农场申请工商登记的，应当根据其申请的主体类型向工商部门提交国家工商总局规定的申请材料。家庭农场无法提交住所或者经营场所使用证明的，可以持乡镇、村委会出具的同意在该场所从事经营活动的相关证明办理注册登记。”

《广西壮族自治区工商局关于支持家庭农场发展的意见》规定：“家庭农场申请工商登记，除需要向工商行政管理机关提交其选择的市场主体类型工商登记应当提交的材料之外，还应当提供以下材料：（1）家庭农场所在地村民委员会与农场主签署的，合同承包期或流转期为三年以上的土地承包合同或者土地流转合同复印件；或者经家庭农场所在地村民委员会鉴证或备案的土地承包户与农场主签署的流转期为三年以上的土地流转合同复印件；或者经家庭农场所在地村民委员会鉴证或备案的土地股份合作社与农场主签署的流转期为三年以上的土地流转合同复印件。(2) 家庭农场申请登记为个体工商户的，应采取家庭经营形式；登记为个人独资企业的，投资人应以家庭共有财产出资；登记为合伙企业的，合伙人应分别属于两个以上不同家庭且合伙人之间有亲属关系；登记为有限责任公司的，股东应是有亲属关系的家庭成员。(3) 登记为合伙企业或股东来自于两个以上有亲属关系的家庭的有限责任公司类型的家庭农场，提交所在地村民委员会证明的、表明家庭农场的主要劳动力或生产经营者属于两个以上有亲属关系的家庭户口登记簿复印件或者其他能够证明家庭农场的主要劳动力或生产经营者属于两个以上有亲属关系的家庭证明文件。"

《云南省家庭农场工商登记注册试行办法》第九条规定："申请家庭农场登记，除提交与家庭农场四种组织形式相对应的法定登记材料外，还应当提交与第三条规定相应的家庭成员或亲属关系证明、土地承包经营权证或土地承包经营权流转协议书等证明材料。"

(九) 家庭农场的变更登记和注销登记

家庭农场的登记，除了包括上文所阐述的设立登记，还包括家庭农场的变更登记和注销登记。

《河南省工商行政管理局关于做好家庭农场登记管理工作的意见》第九条规定："登记为个体工商户、个人独资企业、合伙企业类型的家庭农场，可按有关转型升级政策规定，申请转办为有限责任公司类型的家庭农场。经登记的家庭农场，可按有关规定出资成为农民专业合作社的单位成员或公司的股东。"第十一规定："家庭农场变更、备案、注销登记和年检（验照）事项，按照相关法律、法规规定办理。”

《山东省家庭农场登记试行办法》第九条规定：“家庭农场法定登记事项发生变化的，应当依据相应的法律法规规定，申请办理变更登记。”第十条规定：“家庭农场不再从事经营活动的，应当到登记机关依法办理注销登记。”

《广西壮族自治区工商局关于支持家庭农场发展的意见》规定：“家庭农场申请变更、备案、注销登记，应当依照其所属的市场主体类型，按照相关的法律、法规、规章、规范性文件以及本方案的要求办理。经工商部门登记后的家庭农场因自身条件发生变更导致不符合家庭农场认定的相关规定时，应当主动向工商部门申请办理变更或注销登记。”

（十）家庭农场登记的费用

一般而言，作为普通民事主体的个体工商户、个人独资企业、合伙企业和有限责任公司在登记时，需要按照有关规定缴纳费用。从目前来看，家庭农场登记在部分地区明确规定免收费用。该项措施也是对家庭农场扶持政策的一个方面。例如，《河南省工商行政管理局关于做好家庭农场登记管理工作的意见》第十二条：“家庭农场登记按有关规定免收登记费、年检（验照）费和营业执照工本费。”《山东省家庭农场登记试行办法》第十三条规定：“家庭农场注册登记免收注册登记费、验照年检费和工本费。”

四、家庭农场的扶持政策

从目前实践来看，家庭农场的扶持政策主要集中在土地承包经营权流转，家庭农场登记，农业社会化服务，家庭农场财政、金融、税收，家庭农场人才培训等方面。

《指导意见》中明确了家庭农场工作指导的基本要求，“在我国，家庭农场作为新生事物，还处在发展的起步阶段。当前主要是鼓励发展、支持发展，并在实践中不断探索、逐步规范。发展家庭农场要紧紧围绕提高农业综合生产能力、促进粮食生产、农业增效和农民增收来开展，要重点鼓励和扶持家庭农场发展粮食规模化生产。要坚持农村基本经营制度，以家庭承包经营为基础，在土地承包经营权有序流转的基础上，结合培育新型农业经营主体和发展农业适度规模经营，通过政策扶持、示范引导、完善服务，积极稳妥地加以推进。要充分认识到，在相当长时期内普通农户仍是农业生产经营的基础，在发展家庭农场的同时，不能忽视普通农户的地位和作用。要充分认识到，不断发展起来的家庭经营、集体经营、合作经营、企业经营等多种经营方式，各具特色、各有优势，家庭农场与专业大户、农民合作社、农业产业化经营组织、农业企业、社会化服务组织等多种经营主体，都有各自的适应性和发展空间，发展家庭农场不排斥其它农业经营形式和经营主体，不只追求一种模式、一个标准。要充分认识到，家庭农场发展是一个渐进过程，要靠农民自主选择，防止脱离当地实际、违背农民意愿、片面追求超大规模经营的倾向，人为归大堆、垒大户”。在此基础上进一步明晰了家庭农场的扶持政策，主要包括以下几个方面：

第一，探索建立家庭农场管理服务制度。为增强扶持政策的精准性、指向性，县级农业部门要建立家庭农场档案，县级以上农业部门可从当地实际出发，明确家庭农场认定标准，对经营者资格、劳动力结构、收入构成、经营规模、管理水平等提出相应要求。各地要积极开展示范家庭农场创建活动，建立和发布示范家庭农场名录，引导和促进家庭农场提高经营管理水平。依照自愿原则，家庭农场可自主决定办理工商注册登记，以取得相应市场主体资格。

第二，引导承包土地向家庭农场流转。健全土地流转服务体系，为流转双方提供信息发布、政策咨询、价格评估、合同签订指导等便捷服务。引导和鼓励家庭农场经营者通过实物计租、货币结算、租金动态调整、土地经营权入股保底分红等利益分配方式，稳定土地流转关系，形成适度的土地经营规模。鼓励有条件的地方将土地确权登记、互换并地与农田基础设施建设相结合，整合高标准农田建设等项目资金，建设连片成方、旱涝保收的农田，引导流向家庭农场等新型经营主体。

第三，落实对家庭农场的相关扶持政策。各级农业部门要将家庭农场纳入现有支农政策扶持范围，并予以倾斜，重点支持家庭农场稳定经营规模、改善生产条件、提高技术水平、改进经营管理等。加强与有关部门沟通协调，推动落实涉农建设项目、财政补贴、税收优惠、信贷支持、抵押担保、农业保险、设施用地等相关政策，帮助解决家庭农场发展中遇到的困难和问题。

第四，强化面向家庭农场的社会化服务。基层农业技术推广机构要把家庭农场作为重要服务对象，有效提供农业技术推广、优良品种引进、动植物疫病防控、质量检测检验、农资供应和市场营销等服务。支持有条件的家庭农场建设试验示范基地，担任农业科技示范户，参与实施农业技术推广项目。引导和鼓励各类农业社会化服务组织开展面向家庭农场的代耕代种代收、病虫害统防统治、肥料统配统施、集中育苗育秧、灌溉排水、贮藏保鲜等经营性社会化服务。

第五，完善家庭农场人才支撑政策。各地要加大对家庭农场经营者的培训力度，确立培训目标、丰富培训内容、增强培训实效，有计划地开展培训。要完善相关政策措施，鼓励中高等学校特别是农业职业院校毕业生、新型农民和农村实用人才、务工经商返乡人员等兴办家庭农场。将家庭农场经营者纳入新型职业农民、农村实用人才、“阳光工程”等培育计划。完善农业职业教育制度，鼓励家庭农场经营者通过多种形式参加中高等职业教育提高学历层次，取得职业资格证书或农民技术职称。

第六，引导家庭农场加强联合与合作。引导从事同类农产品生产的家庭农场通过组建协会等方式，加强相互交流与联合。鼓励家庭农场牵头或参与组建合作社，带动其他农户共同发展。鼓励工商企业通过订单农业、示范基地等方式，与家庭农场建立稳定的利益联结机制，提高农业组织化程度。

第七，加强组织领导。各级农业部门要深入调查研究，积极向党委、政府反映情况、提出建议，研究制定本地区促进家庭农场发展的政策措施，加强与发展改革、财政、工商、国土、金融、保险等部门协作配合，形成工作合力，共同推进家庭农场健康发展。要加强对家庭农场财务管理和经营指导，做好家庭农场统计调查工作。及时总结家庭农场发展过程中的好经验、好做法，充分运用各类新闻媒体加强宣传，营造良好社会氛围。

2013年中央1号文件将家庭农场明确为新型农业经营主体之后，全国各地陆续出台了相关家庭农场的扶持政策。例如：

《上海市人民政府办公厅关于本市加快推进家庭农场发展的指导意见》明确建立、扶持发展家庭农场的政策措施：

（1）引导土地优先流向家庭农场。坚持“依法、自愿、有偿”的原则，积极引导农村土地有序规范流转。鼓励通过建立老年农民养老补贴机制等，引导农民将土地承包经营权委托村委会统一流转，组建家庭农场。加强全市涉农乡镇土地流转服务平台的规范化建设，健全农村土地流转服务网络，为农村土地流转提供法律政策咨询、流转信息发布、流转价格评估、合同签订指导和利益关系协调等服务。

（2）建立家庭农场登记建档制度。在区县农业部门建立家庭农场初始登记制度，切实保护好家庭农场的土地经营权。各级农业部门要明确认定标准，主要包括经营者资格、劳动力结构、收入构成、经营规模、土地流转期限、管理水平等。开展家庭农场名录建档、培训、跟踪管理和服务，增强扶持政策的针对性。建立对家庭农场的年度报备制度，为建立家庭农场的退出机制和创建示范性家庭农场创造条件。

（3）健全家庭农场财政扶持政策。市、区县要安排专项奖补资金，对土地出租期限较长的流出农户和引导培育家庭农场发展的村民委员会实行考核奖补，加快农村土地有序规范流转，为发展家庭农场创造条件。要将家庭农场纳入现有财政支农政策扶持范围，并予以倾斜，通过贷款贴息、项目补助、定额奖励等形式，支持家庭农场改善生产条件、实行标准化管理、降低经营风险等，逐步提高家庭农场的土、水、路、电等建设标准。

（4）执行家庭农场工商税费扶持政策。家庭农场可在自愿的基础上，到工商部门办理登记，申领营业执照，依法取得市场主体资格。家庭农场按规定享受国家对农业生产、加工、流通、服务和其他涉农经济活动相应的税收优惠。税务部门要对经工商登记后的家庭农场完善税收管理，在税务登记、纳税申报、发票领用等环节为家庭农场提供优质、便捷的服务。税务、农业部门要密切配合，指导家庭农场履行税务登记和纳税申报，确保家庭农场可享受的国家各项税收优惠政策落实到位。

(5) 加大金融保险电力支持力度。积极创新担保方式，将家庭农场纳入小额信贷保证保险范围，为家庭农场提供发展生产所需贷款服务。将家庭农场纳入政策性农业保险范围，并予以政策倾斜；增加农业保险在家庭农场的险种，为家庭农场发展提供保障。家庭农场中从事粮食、蔬菜等种植业的用电、粮食烘干机械的用电以及各种畜禽产品养殖、水产养殖的用电，执行农业生产用电价格。

(6) 完善家庭农场人才培育培训。把家庭农场经营者纳入新型职业农民培训范围，根据从业特点及能力素质要求，科学制定教育培训计划并组织实施，确定培训的主要内容、方式方法、经费投入等。探索建立教育培训制度，制定认定管理办法和扶持政策。充分利用各类培训资源，加大对家庭农场经营者培训力度，提高他们的生产技能和经营管理水平，逐步培养一批有文化、懂技术、善管理、会经营的家庭农场经营者。在选择家庭农场经营者时，坚持本集体经济组织成员优先的原则，鼓励吸引爱农、懂农、务农的本地人士兴办家庭农场。

(7) 强化对家庭农场提供社会化服务。加快构建新型农业社会化服务体系，培育多元化、多形式、多层次的农业生产性服务组织，为家庭农场提供各类服务。各有关区县都要建立农技人员联系家庭农场制度，及时提供各类信息、技术、经营等指导服务。进一步拓展农业社会化服务，解决家庭农场在生产经营中办不好、办不了的问题。发展粮食订单收购，搞好粮食流通市场的信息指导服务，形成稳定售粮渠道。要探索农机社会化服务新机制，鼓励机农合一、互助合作，推进以公共投入为主的粮食烘干中心（基地）、扶持农机维修保养和零配件供应服务组织发展，为家庭农场提供有力保障。鼓励组建家庭农场协会，加强相互交流与协作。

《安徽省人民政府办公厅关于培育发展家庭农场的意见》确立家庭农场的扶持措施：

（1）稳妥推进土地流转向家庭农场倾斜。按照稳定和完善农村基本经营制度的要求，充分尊重农民的家庭土地承包经营权和土地流转的主体地位，推进土地流转。本村集体经济组织成员建立的家庭农场，同等条件下可以享有土地流转后的优先承包经营权。鼓励有条件的地方整合相关项目资金，按照农业发展规划建设连片成方、旱涝保收的优质农田，优先流转给示范性家庭农场。健全土地流转服务体系，市、县、乡、村土地流转服务机构，要为家庭农场提供法律咨询、供求登记、信息发布、中介协调、指导签证、代理服务、纠纷调处等服务。

（2）支持家庭农场基础设施建设。完善农村公共基础设施建设规划，统筹支持家庭农场发展。农业综合开发土地治理、土地整治、农田水利建设、“一事一议”等项目，应向家庭农场倾斜，分期分批推进家庭农场田、水、路、林等综合整治。对家庭农场因生产所需的生产设施用地和附属设施用地，按设施农用地管理，国土资源行政主管部门依法依规予以支持。

（3）引导家庭农场加强农产品质量安全建设。指导帮助家庭农场开展农业投入品经营使用、标准化生产、生产记录档案、农产品自律检测、产品包装标识、合格产品准出、质量安全追溯等工作。鼓励家庭农场在种植业使用绿色防控新技术，在养殖业使用生态养殖新技术，开展种养结合生态建设，促进循环经济发展。鼓励和引导家庭农场申请无公害农产品、绿色食品、有机食品认证和使用农产品地理标志。

（4）强化农业社会化服务。区域性农业科技服务机构、新型农技推广服务单位，要把家庭农场作为重要服务对象，指导家庭农场应用优质高产品种和标准化生产技术，开展病虫害统防统治、测土配方和农机化等技术系列服务。扩大农资连锁经营覆盖面，加强市场供求和价格信息等服务。

(5) 加大财政、金融、税收支持力度。各级财政要加大对家庭农场的扶持力度，采取直接补助、以奖代补、贷款贴息等方式，支持家庭农场开展农产品质量安全认证、农业生产基础设施建设、农机购置补贴、种苗繁育、加工储运、市场营销等。鼓励各市、县（市、区）由政府出资设立的融资性担保公司为符合条件的家庭农场提供融资性担保服务，并与该担保公司享受有关扶持政策挂钩；各市、县（市、区）要将家庭农场纳入融资担保风险补偿范围，分担融资性担保公司开展家庭农场融资担保业务所产生的损失。涉农金融机构要设计适合家庭农场生产经营特点的贷款产品，在信用评定基础上，综合采用保证、联保、抵押、质押等多种形式发放贷款；根据家庭农场的经营规模和综合投入产出等因素，进一步提高对家庭农场信用贷款的授信额度，对农业产业化程度高的家庭农场要进一步做好“龙头企业＋家庭农场”、“合作社＋家庭农场＋农户”等供应链金融服务。积极扩大林权抵押贷款，探索开展大中型农机具、农村土地承包经营权、宅基地使用权抵押贷款试点。鼓励和支持涉农金融机构加大对省示范家庭农场、国家级农村综合改革试验区和省农村综合改革试点县（区）辖内家庭农场等的信贷支持力度。引导家庭农场规模化生产纳入期货品种的农产品，进行质押融资、套期保值，防范价格风险。省政府已经出台的扶持农民合作社发展的有关税收政策适用于家庭农场。

(6) 加强农业保险服务。扩大政策性农业保险覆盖范围。开展家庭农场互助合作保险和家庭农场综合性保险试点。加强保险与涉农信贷协作配合，针对家庭农场的特点，创新抵

（质）押担保方式和融资工具，开展农业保险保单质押贷款。引导保险公司为家庭农场发展提供种类多、品种全、服务优、效果好的农业保险。

（7）维护家庭农场合法权益。各级政府及有关部门要及时纠正并依法查处侵害家庭农场自主经营等合法权益，向家庭农场乱罚款、乱收费、乱摊派的行为。向家庭农场提供生产、技术、信息、资产评估等服务，坚持自愿原则，不得强行服务或超标准、超范围收费。针对家庭农场的各类公益培训，不得收取任何费用。

（8）加强组织领导。将家庭农场培育发展工作纳入省农业产业化指导委员会的议事范围。各级政府要把培育发展家庭农场作为创新农业经营体制机制，培育壮大新型农业经营主体的重要抓手，切实加强组织领导。各县（市、区）、乡镇的农民合作社指导服务中心（站），要把家庭农场纳入指导服务范围。要充分运用各类媒体，开展家庭农场相关政策和典型案例宣传，及时总结经验做法，营造促进家庭农场持续健康发展的良好氛围。

《广西壮族自治区工商局关于支持家庭农场发展的意见》中家庭农场发展的帮扶措施包括：

（1）注册登记实行三放宽：①放宽名称登记条件。具备一定土地经营规模的家庭农场申请市场主体资格登记，名称中可以标注“家庭农场”字样，如表述为“南宁市***家庭农场、马山县***果蔬种植家庭农场、柳州***淡水鱼养殖家庭农场有限公司”等。②放宽场地证明。家庭农场可以将所在地村民委员会出具的、证明其拥有合法使用权的场所登记为其住所。③放宽经营范围。家庭农场经营范围以谷物、蔬菜、水果、园艺作物或其他农作物种植以及水产养殖为主要经营项目，可以种养结合或兼营相应的农场休闲观光服务。

(2) 开辟绿色通道，缩短办理时限。各级工商部门登记窗口要建立家庭农场登记绿色通道，对家庭农场的申请全程指导，优先办理。对符合受理条件的，名称预先核准应当场办结，申办个体工商户的应在2个工作日内办结，申办企业、公司的应在3个工作日内办结。

(3) 实行“结对帮扶”制度。各级工商部门要建立“结对帮扶”制度，结合党的群众路线教育实践活动，深入家庭农场了解情况，积极帮助家庭农场主解决生产和经营中遇到的实际问题，开展“红盾护农”、“合同助农”、“商标富农”、“维权帮农”、“经纪活农”等活动，倡导绿色生产、守法经营、创品牌、重信用，为家庭农场发展壮大出谋划策。

第二章　家庭农场与土地承包经营权流转

2013年中央1号文件指出：“坚持依法自愿有偿原则，引导农村土地承包经营权有序流转，鼓励和支持承包土地向专业大户、家庭农场、农民合作社流转，发展多种形式的适度规模经营。”

2013年中共十八届三中全会《中共中央关于全面深化改革若干重大问题的决定》明确指出：“加快构建新型农业经营体系。坚持家庭经营在农业中的基础性地位，推进家庭经营、集体经营、合作经营、企业经营等共同发展的农业经营方式创新。坚持农村土地集体所有权，依法维护农民土地承包经营权，发展壮大集体经济。稳定农村土地承包关系并保持长久不变，在坚持和完善最严格的耕地保护制度前提下，赋予农民对承包地占有、使用、收益、流转及承包经营权抵押、担保权能，允许农民以承包经营权入股发展农业产业化经营。鼓励承包经营权在公开市场上向专业大户、家庭农场、农民合作社、农业企业流转，发展多种形式规模经营。”

2014年中央1号文件指出：“完善农村土地承包政策。稳定农村土地承包关系并保持长久不变，在坚持和完善最严格的耕地保护制度前提下，赋予农民对承包地占有、使用、收益、流转及承包经营权抵押、担保权能。在落实农村土地集体所有权的基础上，稳定农户承包权、放活土地经营权，允许承包土地的经营权向金融机构抵押融资。有关部门要抓紧研究提出规范的实施办法，建立配套的抵押资产处置机制，推动修订相关法律法规。切实加强组织领导，抓紧抓实农村土地承包经营权确权登记颁证工作，充分依靠农民群众自主协商解决工作中遇到的矛盾和问题，可以确权确地，也可以确权确股不确地，确权登记颁证工作经费纳入地方财政预算，中央财政给予补助。稳定和完善草原承包经营制度，2015年基本完成草原确权承包和基本草原划定工作。切实维护妇女的土地承包权益。加强农村经营管理体系建设。深化农村综合改革，完善集体林权制度改革，健全国有林区经营管理体制，继续推进国有农场办社会职能改革。”同时指出：“发展多种形式规模经营。鼓励有条件的农户流转承包土地的经营权，加快健全土地经营权流转市场，完善县乡村三级服务和管理网络。探索建立工商企业流转农业用地风险保障金制度，严禁农用地非农化。有条件的地方，可对流转土地给予奖补。土地流转和适度规模经营要尊重农民意愿，不能强制推动。”

家庭农场必须基于适度的规模经营，家庭农场的培育和发展以取得相应的土地承包经营权为基本前提。承包地块细碎化是农业适度规模经营的主要障碍之一。本章内容将详细梳理我国关于土地承包经营权流转的政策和法律，明确土地承包经营权向家庭农场流转的路径。

一、土地承包经营权概述

（一）土地承包经营权的概念

土地承包经营权，是指土地承包经营权人依法对其承包经营的耕地、林地、草地等享有占有、使用和收益的权利。土地承包经营权人有权在其承包地上从事种植业、林业、畜牧业等农业生产。农村集体经济组织实行家庭承包经营为基础、统分结合的双层经营体制。农民集体所有和国家所有由农民集体使用的耕地、林地、草地以及其他用于农业的土地，依法实行土地承包经营制度。

根据《中华人民共和国物权法》和《中华人民共和国农村土地承包法》的相关规定，土地承包经营权的相关问题因家庭承包和其他方式的承包而有所不同。家庭承包和其他方式承包的区别在于农村土地的划分：一般农村土地应依法采取家庭承包方式；其他方式承包，是指不宜采取家庭承包方式的荒山、荒沟、荒丘、荒滩等农村土地，通过招标、拍卖、公开协商等方式承包。

（二）土地承包经营权的取得

土地承包经营权的取得方式主要有依据承包合同取得、通过土地承包经营权流转取得和继承取得。

1.依据承包合同取得

承包方自承包合同生效时取得土地承包经营权。承包合同自成立之日起生效。县级以上地方人民政府应当向承包方颁发土地承包经营权证或者林权证等证书，并登记造册，确认土地承包经营权。颁发土地承包经营权证或者林权证等证书，除按规定收取证书工本费，不得收取其他费用。

2.通过土地承包经营权流转取得

国家保护承包方依法、自愿、有偿地进行土地承包经营权流转。土地承包经营权流转将在后文中专门探讨，在此不再赘述。

3.继承取得

土地承包经营权的继承问题在家庭承包和其他方式承包中的规定不尽一致。在家庭承包中，承包人应得的承包收益，依照《中华人民共和国继承法》的规定继承。林地承包的承包人死亡，其继承人可以在承包期内继续承包。

在其他方式承包中，土地承包经营权通过招标、拍卖、公开协商等方式取得的，该承包人死亡，其应得的承包收益，依照《中华人民共和国继承法》的规定继承；在承包期内，其继承人可以继续承包。

无论是在家庭承包还是其他方式承包中，承包收益都可以依照《中华人民共和国继承法》的规定继承，继承方式主要包括法定继承、遗嘱继承和遗赠等。

（三）土地承包经营权的期限

根据《中华人民共和国物权法》和《中华人民共和国农村土地承包法》的相关规定，土地承包经营权的期限如下：耕地的承包期为30年；草地的承包期为30～50年；林地的承包期为30～70年，特殊林木的林地承包期，经国务院林业行政主管部门批准可以延长。承包期届满，由土地承包经营权人按照国家有关规定继续承包。2003年3月1日之前已经按照国家有关农村土地承包的规定承包，承包期限长于上述期限的，继续有效，不得重新承包土地。

（四）承包的原则和程序

1.家庭承包的原则和程序

家庭承包应当遵循以下原则：（1）按照规定统一组织承包时，本集体经济组织成员依法平等地行使承包土地的权利，也可以自愿放弃承包土地的权利；（2）民主协商，公平合理；（3）承包方案依法经本集体经济组织成员的村民会议三分之二以上成员或者三分之二以上村民代表的同意；（4）承包程序合法。

家庭承包应当按照以下程序进行：（1）本集体经济组织成员的村民会议选举产生承包工作小组；（2）承包工作小组依照法律、法规的规定拟订并公布承包方案；（3）依法召开本集体经济组织成员的村民会议，讨论通过承包方案；（4）公开组织实施承包方案；（5）签订承包合同。

2.其他方式承包的原则和程序

其他方式承包可以直接通过招标、拍卖、公开协商等方式实行承包经营，也可以将土地承包经营权折股分给本集体经济组织成员后，再实行承包经营或者股份合作经营。在同等条件下，本集体经济组织成员享有优先承包权。发包方将农村土地发包给本集体经济组织以外的单位或者个人承包，应当事先经本集体经济组织成员的村民会议三分之二以上成员或者三分之二以上村民代表的同意，并报乡（镇）人民政府批准。由本集体经济组织以外的单位或者个人承包的，应当对承包方的资信情况和经营能力进行审查后，再签订承包合同。

（五）承包合同

1.承包合同的当事人

在家庭承包中，发包方应当与承包方签订书面承包合同。家庭承包的发包方，是指农民集体所有的土地依法属于村农民集体所有的，由村集体经济组织或者村民委员会发包；已经分别属于村内两个以上农村集体经济组织的农民集体所有的，由村内各该农村集体经济组织或者村民小组发包。村集体经济组织或者村民委员会发包的，不得改变村内各集体经济组织农民集体所有的土地的所有权。国家所有依法由农民集体使用的农村土地，由使用该土地的农村集体经济组织、村民委员会或者村民小组发包。家庭承包的承包方是本集体经济组织的农户。

以其他方式承包农村土地的，应当签订承包合同。其他方式承包农村土地的，其发包方与家庭承包的发包方一致，但是承包方有所区别。承包方既可以是本集体经济组织成员，也可以是本集体经济组织以外的单位或个人。在同等条件下，本集体经济组织成员享有优先承包权。

2.承包合同的形式

承包合同应当采用书面形式。《中华人民共和国合同法》第十条规定："当事人订立合同，有书面形式、口头形式和其他形式。"口头形式，是指合同以言语为表现形式。书面形式是指合同书、信件和数据电文（包括电报、电传、传真、电子数据交换和电子邮件）等可以有形地表现所载内容的形式。承包合同当事人未采用书面形式但一方已经履行主要义务，对方接受的，该合同成立。

3.承包合同的内容

承包合同一般包括以下条款：（1）发包方、承包方的名称，发包方负责人和承包方代表的姓名、住所；（2）承包土地的名称、坐落、面积、质量等级；（3）承包期限和起止日期；（4）承包土地的用途；（5）发包方和承包方的权利和义务；（6）违约责任。

以其他方式承包农村土地的，当事人的权利和义务、承包期限等，由双方协商确定。以招标、拍卖方式承包的，承包费通过公开竞标、竞价确定；以公开协商等方式承包的，承包费由双方议定。

4.承包合同的成立与生效

承包合同自成立之日起生效。承包方自承包合同生效时取得土地承包经营权。承包合同的成立和生效两者相互联系：承包合同的成立是承包合同生效的前提条件。一般而言，承包合同自成立时发生效力。同时，承包合同的成立和生效又有明显区别。

承包合同的成立，是指承包合同当事人就土地承包的相关事项达成一致。承包合同必须采用书面形式，因此，如果承包合同当事人采用合同书形式订立合同的，自双方当事人签字或者盖章时合同成立。如果承包合同当事人采用信件、数据电文等形式订立合同的，可以在合同成立之前要求签订确认书。签订确认书时合同成立。承包合同采用合同书形式订立合同，在签字或者盖章之前，当事人一方已经履行主要义务，对方接受的，该合同成立。

承包合同的生效，是指承包合同对当事人发生法律效力。依法成立的承包合同，自成立时生效。承包合同生效的条件包括：(1) 承包合同当事人具有相应的行为能力；(2) 承包合同当事人意思表示真实、自由；(3) 承包合同不违反法律强制性规定、不违反社会公共利益。

承包合同无效的情形主要包括：(1) 一方以欺诈、胁迫的手段订立合同，损害国家利益；(2) 恶意串通，损害国家、集体或者第三人利益；(3) 以合法形式掩盖非法目的；(4) 损害社会公共利益；(5) 违反法律、行政法规的强制性规定。承包合同中的下列免责条款无效：(1) 造成对方人身伤害的；(2) 因故意或者重大过失造成对方财产损失的。承包合同部分无效不影响其他部分效力的，其他部分仍然有效。

承包合同可变更、可撤销的情形主要包括：(1) 因重大误解订立的；(2) 在订立合同时显失公平的；(3) 一方以欺诈、胁迫的手段或者乘人之危，使对方在违背真实意思的情况下订立的合同。具有撤销权的当事人自知道或者应当知道撤销事由之日起一年内没有行使撤销权；具有撤销权的当事人知道撤销事由后明确表示或者以自己的行为放弃撤销权。当事人请求变更的，人民法院或者仲裁机构不得撤销。

承包合同效力待定的情形主要包括：(1) 限制民事行为能力人订立的合同；(2) 无权代理人以被代理人名义订立的合同；(3) 无处分权的人处分他人财产订立的合同。效力待定的承包合同因追认而生效；未获追认的无效。

承包合同无效或被撤销的法律后果包括：(1) 返还财产。合同无效或者被撤销后，因该合同取得的财产，应当予以返还；不能返还或者没有必要返还的，应当折价补偿。(2) 损害赔偿。有过错的一方应当赔偿对方因此所受到的损失，双方都有过错的，应当各自承担相应的责任。(3) 追缴财产。当事人恶意串通，损害国家、集体或者第三人利益的，因此取得的财产收归国家所有或者返还集体、第三人。

5.承包合同的变更

承包合同生效后，发包方不得因承办人或者负责人的变动而变更，也不得因集体经济组织的分立或者合并而变更。国家机关及其工作人员不得利用职权干涉农村土地承包。

承包合同的变更需要承包合同双方当事人协商一致。承包期内，发包方不得调整承包地。在特定情形下，发包方对承包地的调整，属于承包合同的变更。承包期内，因自然灾害严重毁损承包地等特殊情形对个别农户之间承包的耕地和草地需要适当调整的，必须经本集体经济组织成员的村民会议三分之二以上成员或者三分之二以上村民代表的同意，并报乡（镇）人民政府和县级人民政府农业等行政主管部门批准。承包合同中约定不得调整的，按照其约定。

应当用于调整承包土地或者承包给新增人口的土地主要包括：(1) 集体经济组织依法预留的机动地；2003年3月1日前已经预留机动地的，机动地面积不得超过本集体经济组织耕地总面积的百分之五。不足百分之五的，不得再增加机动地。未留机动地的，不得再留机动地。（2）通过依法开垦等方式增加的；（3）承包方依法、自愿交回的。

6.承包合同的解除

承包合同生效后，发包方不得因承办人或者负责人的变动而解除，也不得因集体经济组织的分立或者合并而解除。国家机关及其工作人员不得利用职权解除承包合同。

（1）承包合同的约定解除

承包合同当事人协商一致，可以解除合同。当事人可以约定一方解除合同的条件。解除合同的条件成就时，解除权人可以解除合同。

（2）承包合同的法定解除

家庭承包的承包期内，发包方不得单方面解除承包合同，不得假借少数服从多数强迫承包方放弃或者变更土地承包经营权，不得以划分“口粮田”和“责任田”等为由收回承包地搞招标承包，不得将承包地收回抵顶欠款。

家庭承包的承包期内，发包方不得收回承包地。承包期内，妇女结婚，在新居住地未取得承包地的，发包方不得收回其原承包地；妇女离婚或者丧偶，仍在原居住地生活或者不在原居住地生活但在新居住地未取得承包地的，发包方不得收回其原承包地。承包期内，承包方全家迁入小城镇落户的，应当按照承包方的意愿，保留其土地承包经营权或者允许其依法进行土地承包经营权流转。

例外的情形是，家庭承包的承包期内，承包方全家迁入设区的市，转为非农业户口的，应当将承包的耕地和草地交回发包方。承包方不交回的，发包方可以收回承包的耕地和草地。承包期内，承包方交回承包地或者发包方依法收回承包地时，承包方对其在承包地上投入而提高土地生产能力的，有权获得相应的补偿。发包方在这种情形下收回承包地的，属于承包合同的法定解除。

家庭承包的承包期内，承包方可以自愿将承包地交回发包方。承包方自愿交回承包地的，应当提前半年以书面形式通知发包方。承包方在承包期内交回承包地的，在承包期内不得再要求承包土地。这属于承包方单方解除承包合同。

以其他方式承包农村土地的，当事人可以解除合同的情形包括：（1）因不可抗力致使不能实现合同目的；（2）在履行期限届满之前，当事人一方明确表示或者以自己的行为表明不履行主要债务；（3）当事人一方迟延履行主要债务，经催告后在合理期限内仍未履行；（4）当事人一方迟延履行债务或者有其他违约行为致使不能实现合同目的；（5）法律规定的其他情形。

（六）土地承包经营权证

1.土地承包经营权证的概念

农村土地承包经营权证是农村土地承包合同生效后，国家依法确认承包方享有土地承包经营权的法律凭证。农村土地承包经营权证只限承包方使用。

土地承包经营权证的作用在于确认土地承包经营权，而不是取得土地承包经营权的条件。县级以上地方人民政府应当向土地承包经营权人发放土地承包经营权证、林权证、草原使用权证，并登记造册，确认土地承包经营权。

承包耕地、园地、荒山、荒沟、荒丘、荒滩等农村土地从事种植业生产活动，承包方依法取得农村土地承包经营权后，应颁发农村土地承包经营权证予以确认。承包草原、水面、滩涂从事养殖业生产活动的，依照《中华人民共和国草原法》、

《中华人民共和国渔业法》等有关规定确权发证。

2.土地承包经营权证的内容

农村土地承包经营权证应包括以下内容：（1）名称和编号；（2）发证机关及日期；（3）承包期限和起止日期；（4）承包土地名称、坐落、面积、用途；（5）农村土地承包经营权变动情况；（6）其他应当注明的事项。

农村土地承包经营权证所载明的权利有效期限，应与依法签订的土地承包合同约定的承包期一致。农村土地承包经营权证登记簿记载农村土地承包经营权的基本内容。农村土地承包经营权证、农村土地承包合同、农村土地承包经营权证登记簿记载的事项应一致。

3.土地承包经营权证的颁发

实行家庭承包经营的承包方，由县级以上地方人民政府颁发农村土地承包经营权证。实行其他方式承包经营的承包方，经依法登记，由县级以上地方人民政府颁发农村土地承包经营权证。县级以上地方人民政府农业行政主管部门负责农村土地承包经营权证的备案、登记、发放等具体工作。

实行家庭承包的，按下列程序颁发农村土地承包经营权证：（1）土地承包合同生效后，发包方应在30个工作日内，将土地承包方案、承包方及承包土地的详细情况、土地承包合同等材料一式两份报乡（镇）人民政府农村经营管理部门。（2）乡（镇）人民政府农村经营管理部门对发包方报送的材料予以初审。材料符合规定的，及时登记造册，由乡（镇）人民政府向县级以上地方人民政府提出颁发农村土地承包经营权证的书面申请；材料不符合规定的，应在15个工作日内补正。（3）县级以上地方人民政府农业行政主管部门对乡（镇）人民政府报送的申请材料予以审核。申请材料符合规定的，编制农村土地承包经营权证登记簿，报同级人民政府颁发农村土地承包经营权证；申请材料不符合规定的，书面通知乡（镇）人民政府补正。

实行招标、拍卖、公开协商等方式承包农村土地的，按下列程序办理农村土地承包经营权证：(1) 土地承包合同生效后，承包方填写农村土地承包经营权证登记申请书，报承包土地所在乡（镇）人民政府农村经营管理部门。(2) 乡（镇）人民政府农村经营管理部门对发包方和承包方的资格、发包程序、承包期限、承包地用途等予以初审，并在农村土地承包经营权证登记申请书上签署初审意见。(3) 承包方持乡（镇）人民政府初审通过的农村土地承包经营权登记申请书，向县级以上地方人民政府申请农村土地承包经营权证登记。(4) 县级以上地方人民政府农业行政主管部门对登记申请予以审核。申请材料符合规定的，编制农村土地承包经营权证登记簿，报请同级人民政府颁发农村土地承包经营权证；申请材料不符合规定的，书面通知申请人补正。

乡（镇）人民政府农村经营管理部门领取农村土地承包经营权证后，应在30个工作日内将农村土地承包经营权证发给承包方。发包方不得为承包方保存农村土地承包经营权证。

颁发土地承包经营权证或者林权证等证书，除按规定收取证书工本费，不得收取其他费用。农村土地承包经营权证工本费的支出要严格执行国家有关财务管理的规定。农村土地承包经营权证由农业部监制，由省级人民政府农业行政主管部门统一组织印制，加盖县级以上地方人民政府印章。

4.土地承包经营权证的更正

农村土地承包经营权证登记簿、承包合同登记及其他登记材料，由县级以上地方农业行政主管部门管理。农村土地承包方有权查阅、复制农村土地承包经营权证登记簿和其他登记材料，县级以上农业行政主管部门不得限制和阻挠。农村土地承包当事人认为农村土地承包经营权证和登记簿记载错误的，有权申请更正。

5.土地承包经营权证的变更

承包期内，承包方采取转包、出租、入股方式流转土地承包经营权的，不须办理农村土地承包经营权证变更。采取转让、互换方式流转土地承包经营权的，当事人可以要求办理农村土地承包经营权证变更登记。因转让、互换以外的其他方式导致农村土地承包经营权分立、合并的，应当办理农村土地承包经营权证变更。

办理农村土地承包经营权变更申请应提交以下材料：(1) 变更的书面请求；(2) 已变更的农村土地承包合同或其他证明材料；(3) 农村土地承包经营权证原件。

乡（镇）人民政府农村经营管理部门受理变更申请后，应及时对申请材料进行审核。符合规定的，报请原发证机关办理变更手续，并在农村土地承包经营权证登记簿上记载。

6.土地承包经营权证的换发、补发

农村土地承包经营权证严重污损、毁坏、遗失的，承包方应向乡（镇）人民政府农村经营管理部门申请换发、补发。经乡（镇）人民政府农村经营管理部门审核后，报请原发证机关办理换发、补发手续。

办理农村土地承包经营权证换发、补发手续，应以农村土地经营权证登记簿记载的内容为准。农村土地承包经营权证换发、补发，应当在农村土地承包经营权证上注明“换发”、“补发”字样。

7.土地承包经营权证的收回

承包期内，发生下列情形之一的，应依法收回农村土地承包经营权证：(1) 承包期内，承包方全家迁入设区的市，转为非农业户口的。(2) 承包期内，承包方提出书面申请，自愿放弃全部承包土地的。(3) 承包土地被依法征用、占用，导致农村土地承包经营权全部丧失的。(4) 其他收回土地承包经营权证的情形。

承包方无正当理由拒绝交回农村土地承包经营权证的，由原发证机关注销该证（包括编号），并予以公告。收回的农村土地承包经营权证，应退回原发证机关，加盖“作废”章。

（七）土地承包经营权的效力

土地承包经营权的效力，是指土地承包经营权对发包人、承包人和第三人产生的法律效力。

1.土地承包经营权对发包人的效力

发包方享有下列权利：(1) 发包本集体所有的或者国家所有依法由本集体使用的农村土地；(2) 监督承包方依照承包合同约定的用途合理利用和保护土地；(3) 制止承包方损害承包地和农业资源的行为；(4) 法律、行政法规规定的其他权利。

发包方承担下列义务：(1) 维护承包方的土地承包经营权，不得非法变更、解除承包合同；(2) 尊重承包方的生产经营自主权，不得干涉承包方依法进行正常的生产经营活动；(3) 依照承包合同约定为承包方提供生产、技术、信息等服务；(4) 执行县、乡（镇）土地利用总体规划，组织本集体经济组织内的农业基础设施建设；(5) 法律、行政法规规定的其他义务。

2.土地承包经营权对承包人的效力

承包方享有下列权利：(1) 依法享有承包地使用、收益和土地承包经营权流转的权利，有权自主组织生产经营和处置产品；(2) 承包地被依法征用、占用的，有权依法获得相应的补偿；(3) 法律、行政法规规定的其他权利。

承包方承担下列义务：(1) 维持土地的农业用途，不得用于非农建设；(2) 依法保护和合理利用土地，不得给土地造成永久性损害；(3) 法律、行政法规规定的其他义务。承包荒山、荒沟、荒丘、荒滩的，应当遵守有关法律、行政法规的规定，防止水土流失，保护生态环境。

3.土地承包经营权对第三人的效力

国家保护集体土地所有者的合法权益，保护承包方的土地承包经营权，任何组织和个人不得侵犯。

（八）土地承包经营权纠纷解决

土地承包经营权纠纷解决途径主要包括：协商、调解、仲裁和诉讼4种。因土地承包经营发生纠纷的，双方当事人可以通过协商解决，也可以请求村民委员会、乡（镇）人民政府等调解解决。当事人不愿协商、调解或者协商、调解不成的，可以向农村土地承包仲裁机构申请仲裁，也可以直接向人民法院起诉。当事人对农村土地承包仲裁机构的仲裁裁决不服的，可以在收到裁决书之日起30日内向人民法院起诉。逾期不起诉的，裁决书即发生法律效力。

农村土地承包仲裁委员会受理的土地承包经营纠纷包括：(1) 因订立、履行、变更、解除和终止农村土地承包合同发生的纠纷；(2) 因农村土地承包经营权转包、出租、互换、转让、入股等流转发生的纠纷；(3) 因收回、调整承包地发生的纠纷；(4) 因确认农村土地承包经营权发生的纠纷；(5) 因侵害农村土地承包经营权发生的纠纷；（6）法律、法规规定的其他农村土地承包经营纠纷。因征收集体所有的土地及其补偿发生的纠纷，不属于农村土地承包仲裁委员会的受理范围，可以通过行政复议或者诉讼等方式解决。

（九）土地承包经营权的相关法律责任

土地承包经营权的相关法律责任主要包括：

1.任何组织和个人侵害承包方的土地承包经营权的，应当承担民事责任。

2.发包方有下列行为之一的，应当承担停止侵害、返还原物、恢复原状、排除妨害、消除危险、赔偿损失等民事责任：（1）干涉承包方依法享有的生产经营自主权；（2）违反本法规定收回、调整承包地；（3）强迫或者阻碍承包方进行土地承包经营权流转；（4）假借少数服从多数强迫承包方放弃或者变更土地承包经营权而进行土地承包经营权流转；（5）以划分“口粮田”和“责任田”等为由收回承包地搞招标承包；（6）将承包地收回抵顶欠款；（7）剥夺、侵害妇女依法享有的土地承包经营权；（8）其他侵害土地承包经营权的行为。

3.承包合同当事人一方不履行合同义务或者履行义务不符合约定的，应当承担违约责任。

4.任何组织和个人擅自截留、扣缴土地承包经营权流转收益的，应当退还。

5.违反土地管理法规，非法征用、占用土地或者贪污、挪用土地征用补偿费用，构成犯罪的，依法追究刑事责任；造成他人损害的，应当承担损害赔偿等责任。

6.承包方违法将承包地用于非农建设的，由县级以上地方人民政府有关行政主管部门依法予以处罚。承包方给承包地造成永久性损害的，发包方有权制止，并有权要求承包方赔偿由此造成的损失。

7.国家机关及其工作人员有利用职权干涉农村土地承包，变更、解除承包合同，干涉承包方依法享有的生产经营自主权，或者强迫、阻碍承包方进行土地承包经营权流转等侵害土地承包经营权的行为，给承包方造成损失的，应当承担损害赔偿等责任；情节严重的，由上级机关或者所在单位给予直接责任人员行政处分；构成犯罪的，依法追究刑事责任。

二、土地承包经营权流转概述

（一）土地承包经营权流转的概念

土地承包经营权流转，是指土地承包经营权人依法将土地承包经营权采取转包、出租、互换、转让、入股、抵押或者其他方式流转。农村土地承包经营权应当依法流转，切实维护流转双方当事人合法权益，促进农业和农村经济发展。县级以上人民政府农业行政主管（或农村经营管理）部门依照同级人民政府规定的职责负责本行政区域内的农村土地承包经营权流转及合同管理的指导。

（二）土地承包经营权流转的原则

土地承包经营权流转应当遵循以下原则：（1）平等协商、自愿、有偿，任何组织和个人不得强迫或者阻碍承包方进行土地承包经营权流转；（2）不得改变土地所有权的性质和土地的农业用途；（3）流转的期限不得超过承包期的剩余期限；（4）不得损害利害关系人和农村集体经济组织的合法权益；（5）受让方须有农业经营能力；（6）在同等条件下，本集体经济组织成员享有优先权。

（三）土地经营权有序流转与发展农业适度规模经营

2014年11月，中共中央办公厅、国务院办公厅印发了《关于引导农村土地经营权有序流转发展农业适度规模经营的意见》明确指出："土地流转和适度规模经营是发展现代农业的必由之路，有利于优化土地资源配置和提高劳动生产率，有利于保障粮食安全和主要农产品供给，有利于促进农业技术推广应用和农业增效、农民增收，应从我国人多地少、农村情况千差万别的实际出发，积极稳妥地推进。"

土地经营权流转应当坚持农村土地集体所有权，稳定农户承包权，放活土地经营权，以家庭承包经营为基础，推进家庭经营、集体经营、合作经营、企业经营等多种经营方式共同发展。应当坚持依法、自愿、有偿，以农民为主体，政府扶持引导，市场配置资源，土地经营权流转不得违背承包农户意愿、不得损害农民权益、不得改变土地用途、不得破坏农业综合生产能力和农业生态环境。规范引导农村土地经营权有序流转的具体要求有以下几个方面：

1.鼓励创新土地流转形式

鼓励承包农户依法采取转包、出租、互换、转让及入股等方式流转承包地。鼓励有条件的地方制定扶持政策，引导农户长期流转承包地并促进其转移就业。鼓励农民在自愿前提下采取互换并地方式解决承包地细碎化问题。在同等条件下，本集体经济组织成员享有土地流转优先权。以转让方式流转承包地的，原则上应在本集体经济组织成员之间进行，且需经发包方同意。以其他形式流转的，应当依法报发包方备案。抓紧研究探索集体所有权、农户承包权、土地经营权在土地流转中的相互权利关系和具体实现形式。按照全国统一安排，稳步推进土地经营权抵押、担保试点，研究制定统一规范的实施办法，探索建立抵押资产处置机制。

2.严格规范土地流转行为

土地承包经营权属于农民家庭，土地是否流转、价格如何确定、形式如何选择，应由承包农户自主决定，流转收益应归承包农户所有。流转期限应由流转双方在法律规定的范围内协商确定。没有农户的书面委托，农村基层组织无权以任何方式决定流转农户的承包地，更不能以少数服从多数的名义，将整村整组农户承包地集中对外招商经营。防止少数基层干部私相授受，谋取私利。严禁通过定任务、下指标或将流转面积、流转比例纳入绩效考核等方式推动土地流转。

3.加强土地流转管理和服务

有关部门要研究制定流转市场运行规范，加快发展多种形式的土地经营权流转市场。依托农村经营管理机构健全土地流转服务平台，完善县乡村三级服务和管理网络，建立土地流转监测制度，为流转双方提供信息发布、政策咨询等服务。土地流转服务主体可以开展信息沟通、委托流转等服务，但禁止层层转包、从中牟利。土地流转给非本村（组）集体成员或村（组）集体受农户委托统一组织流转并利用集体资金改良土壤、提高地力的，可向本集体经济组织以外的流入方收取基础设施使用费和土地流转管理服务费，用于农田基本建设或其他公益性支出。引导承包农户与流入方签订书面流转合同，并使用统一的省级合同示范文本。依法保护流入方的土地经营权益，流转合同到期后流入方可在同等条件下优先续约。加强农村土地承包经营纠纷调解仲裁体系建设，健全纠纷调处机制，妥善化解土地承包经营流转纠纷。

4.合理确定土地经营规模

各地要依据自然经济条件、农村劳动力转移情况、农业机械化水平等因素，研究确定本地区土地规模经营的适宜标准。防止脱离实际、违背农民意愿，片面追求超大规模经营的倾向。现阶段，对土地经营规模相当于当地户均承包地面积10~15倍、务农收入相当于当地二三产业务工收入的，应当给予重点扶持。创新规模经营方式，在引导土地资源适度集聚的同时，通过农民的合作与联合、开展社会化服务等多种形式，提升农业规模化经营水平。

5.扶持粮食规模化生产

加大粮食生产支持力度，原有粮食直接补贴、良种补贴、农资综合补贴归属由承包农户与流入方协商确定，新增部分应向粮食生产规模经营主体倾斜。在有条件的地方开展按照实际粮食播种面积或产量对生产者补贴试点。对从事粮食规模化生产的农民合作社、家庭农场等经营主体，符合申报农机购置补贴条件的，要优先安排。探索选择运行规范的粮食生产规模经营主体开展目标价格保险试点。抓紧开展粮食生产规模经营主体营销贷款试点，允许用粮食作物、生产及配套辅助设施进行抵押融资。粮食品种保险要逐步实现粮食生产规模经营主体愿保尽保，并适当提高对产粮大县稻谷、小麦、玉米三大粮食品种保险的保费补贴比例。各地区各有关部门要研究制定相应配套办法，更好地为粮食生产规模经营主体提供支持服务。

6.加强土地流转用途管制

坚持最严格的耕地保护制度，切实保护基本农田。严禁借土地流转之名违规搞非农建设。严禁在流转农地上建设或变相建设旅游度假村、高尔夫球场、别墅、私人会所等。严禁占用基本农田挖塘栽树及其他毁坏种植条件的行为。严禁破坏、污染、圈占闲置耕地和损毁农田基础设施。坚决查处通过“以租代征”违法违规进行非农建设的行为，坚决禁止擅自将耕地“非农化”。利用规划和标准引导设施农业发展，强化设施农用地的用途监管。采取措施保证流转土地用于农业生产，可以通过停发粮食直接补贴、良种补贴、农资综合补贴等办法遏制撂荒耕地的行为。在粮食主产区、粮食生产功能区、高产创建项目实施区，不符合产业规划的经营行为不再享受相关农业生产扶持政策。合理引导粮田流转价格，降低粮食生产成本，稳定粮食种植面积。

三、土地承包经营权流转当事人

土地承包经营权流转的当事人包括承包方和受让方。

（一）承包方

承包方有权依法自主决定承包土地是否流转、流转的对象和方式。任何单位和个人不得强迫或者阻碍承包方依法流转其承包土地。农村土地承包经营权流转收益归承包方所有，任何组织和个人不得侵占、截留、扣缴。承包方对其在承包地上投入而提高土地生产能力的，土地承包经营权依法流转时有权获得相应的补偿。

承包方自愿委托发包方或中介组织流转其承包土地的，应当由承包方出具土地流转委托书。委托书应当载明委托的事项、权限和期限等，并有委托人的签名或盖章。没有承包方的书面委托，任何组织和个人无权以任何方式决定流转农户的承包土地。

（二）受让方

受让方包括接包方、承租方等。农村土地承包经营权流转的受让方可以是承包农户，也可以是其他按有关法律及有关规定允许从事农业生产经营的组织和个人。在同等条件下，本集体经济组织成员享有优先权。受让方应当具有农业经营能力。受让方应当依照有关法律、法规的规定保护土地，禁止改变流转土地的农业用途。受让方在流转期间因投入而提高土地生产能力的，土地流转合同到期或者未到期由承包方依法收回承包土地时，受让方有权获得相应的补偿。具体补偿办法可以在土地流转合同中约定或双方通过协商解决。

四、土地承包经营权流转方式

依据《中华人民共和国物权法》、《中华人民共和国农村土地承包法》等相关法律规定，土地承包经营权的流转方式因土地承包经营权的取得方式不同，有所区别。一是通过家庭承包取得的土地承包经营权可以依法采取转让、转包、出租、互换、入股或者其他方式流转。二是通过招标、拍卖、公开协商等方式承包荒山、荒沟、荒丘、荒滩等农村土地，经依法登记取得土地承包经营权证或者林权证等证书的，土地承包经营权可以依法采取转让、出租、入股、抵押或者其他方式流转。

中共十八届三中全会《中共中央关于全面深化改革若干重大问题的决定》指出："稳定农村土地承包关系并保持长久不变，在坚持和完善最严格的耕地保护制度前提下，赋予农民对承包地占有、使用、收益、流转及承包经营权抵押、担保权能，允许农民以承包经营权入股发展农业产业化经营。"2014年中央1号文件指出："稳定农村土地承包关系并保持长久不变，在坚持和完善最严格的耕地保护制度前提下，赋予农民对承包地占有、使用、收益、流转及承包经营权抵押、担保权能。在落实农村土地集体所有权的基础上，稳定农户承包权、放活土地经营权，允许承包土地的经营权向金融机构抵押融资。" 由此可见，通过家庭承包取得的土地承包经营权，在坚持和完善最严格的耕地保护制度前提下，可以通过抵押的方式流转，并且能够通过入股的方式发展农业产业化经营。土地承包经营权流转方式的具体情形如下：

第一，转让。转让，是指承包方有稳定的非农职业或者有稳定的收入来源，经承包方申请和发包方同意，将部分或全部土地承包经营权让渡给其他从事农业生产经营的农户，由其履行相应土地承包合同的权利和义务。转让后原土地承包关系自行终止，原承包方承包期内的土地承包经营权部分或全部灭失。承包方转让承包土地，发包方同意转让的，应当及时向乡（镇）人民政府农村土地承包管理部门报告，并配合办理有关变更手续；发包方不同意转让的，应当于7日内向承包方书面说明理由。通过招标、拍卖和公开协商等方式承包荒山、荒沟、荒丘、荒滩等农村土地，经依法登记取得农村土地承包经营权证的，可以依法采取转让的方式流转。

第二，转包。转包，是指承包方将部分或全部土地承包经营权以一定期限转给同一集体经济组织的其他农户从事农业生产经营。转包后原土地承包关系不变，原承包方继续履行原土地承包合同规定的权利和义务。接包方按转包时约定的条件对转包方负责。承包方将土地交他人代耕不足一年的除外。

第三，互换。互换，是指承包方之间为方便耕作或者各自需要，对属于同一集体经济组织的承包地块进行交换，同时交换相应的土地承包经营权。

第四，出租。出租，是指承包方将部分或全部土地承包经营权以一定期限租赁给他人从事农业生产经营。出租后原土地承包关系不变，原承包方继续履行原土地承包合同规定的权利和义务。承租方按出租时约定的条件对承包方负责。

第五，入股。入股，是指实行家庭承包方式的承包方之间为发展农业经济，将土地承包经营权作为股权，自愿联合从事农业合作生产经营；其他承包方式的承包方将土地承包经营权量化为股权，入股组成股份公司或者合作社等，从事农业生产经营。按照原有的政策，通过家庭承包取得的土地承包经营权的只能入股农民专业合作社。农民专业合作社是在农村家庭承包经营基础上，同类农产品的生产经营者或者同类农业生产经营服务的提供者、利用者，自愿联合、民主管理的互助性经济组织。农民专业合作社解散时，入股土地应当退回原承包农户。按照目前的政策，通过家庭承包取得的土地承包经营权可以入股其他农业经营主体，发展农业产业化经营。

第六，抵押。抵押，是指为担保债务的履行，承包方不转移其承包农村土地的占有，将土地承包经营权抵押给债权人的，承包方不履行到期债务或者发生当事人约定的实现抵押权的情形，债权人有权就该财产优先受偿。按照原有的政策，只有通过其他方式取得的土地承包经营权能够采用抵押的方式流转。按照目前的政策，通过家庭承包方式取得的土地承包经营权也可以采用抵押的方式流转。

第七，再流转。受让方将承包方以转包、出租方式流转的土地实行再流转，应当取得原承包方的同意。通过转让、互换方式取得的土地承包经营权，经依法登记获得土地承包经营权证后，可以依法采取转包、出租、互换、转让或者其他方式流转。

五、土地承包经营权流转合同

（一）土地承包经营权流转合同的概念

土地承包经营权流转合同，是指承包方与受让方就土地承包经营权流转签订的协议。承包方流转农村土地承包经营权，应当与受让方在协商一致的基础上签订书面流转合同。农村土地承包经营权流转合同一式四份，流转双方各执一份，发包方和乡（镇）人民政府农村土地承包管理部门各备案一份。承包方将土地交由他人代耕不超过一年的，可以不签订书面合同。

（二）土地承包经营权流转合同的主要条款

土地承包经营权流转合同一般包括以下内容：(1) 双方当事人的姓名、住所；(2) 流转土地的四至、坐落、面积、质量等级；(3) 流转的期限和起止日期；(4) 流转方式；(5) 流转土地的用途；(6) 双方当事人的权利和义务；(7) 流转价款及支付方式；(8) 流转合同到期后地上附着物及相关设施的处理；(9) 违约责任。土地承包经营权流转方式、期限和具体条件，由流转双方平等协商确定。土地承包经营权流转合同文本格式由省级人民政府农业行政主管部门确定。

（三）土地承包经营权流转合同的签订

承包方和受让方签订书面流转合同。承包方委托发包方或者中介服务组织流转其承包土地的，流转合同应当由承包方或其书面委托的代理人签订。从事农村土地承包经营权流转服务的中介组织应当向县级以上地方人民政府农业行政（或农村经营管理）主管部门备案并接受其指导，依照法律和有关规定提供流转中介服务。

乡（镇）人民政府农村土地承包管理部门应当及时向达成流转意向的承包方提供统一文本格式的流转合同，并指导签订。乡（镇）人民政府农村土地承包管理部门在指导流转合同签订中，发现流转双方有违反法律法规的约定，要及时予以纠正。

（四）土地承包经营权流转合同的鉴证

土地承包经营权流转合同的鉴证，是指乡（镇）人民政府农村土地承包管理部门根据合同双方当事人的申请，对合同的真实性和合法性进行审查的制度。农村土地承包经营权流转当事人可以向乡（镇）人民政府农村土地承包管理部门申请合同鉴证。乡（镇）人民政府农村土地承包管理部门不得强迫土地承包经营权流转当事人接受鉴证。乡（镇）人民政府农村土地承包管理部门在流转合同鉴证中，发现流转双方有违反法律法规的约定，要及时予以纠正。

（五）土地承包经营权流转合同的保管

乡（镇）人民政府农村土地承包管理部门应当对农村土地承包经营权流转合同及有关文件、文本、资料等进行归档并妥善保管。

六、土地承包经营权流转登记与备案

乡（镇）人民政府农村土地承包管理部门应当建立农村

土地承包经营权流转情况登记册，及时准确记载农村土地承包经营权流转情况。以转包、出租或者其他方式流转承包土地的，及时办理相关登记；以转让、互换方式流转承包土地的，及时办理有关承包合同和土地承包经营权证变更等手续。

（一）土地承包经营流转登记

土地承包经营权采取互换、转让方式流转的，当事人要求登记的，应当向县级以上地方人民政府申请土地承包经营权变更登记；未经登记，不得对抗善意第三人。当事人申请办理土地承包经营权流转登记的，县级人民政府农业行政（或农村经营管理）主管部门应当予以受理，并依照《农村土地承包经营权证管理办法》的规定办理。

土地承包经营权采取抵押方式流转的，当事人应当办理抵押登记。抵押权自登记时设立。

（二）土地承包经营权流转备案

土地承包经营权采取转包、出租、互换或者其他方式流转的，应当报发包方备案。发包方对承包方提出的转包、出租、互换或者其他方式流转承包土地的要求，应当及时办理备案，并报告乡（镇）人民政府农村土地承包管理部门。

七、土地承包经营权流转奖补

中共十八届三中全会《中共中央关于全面深化改革若干重大问题的决定》指出："鼓励承包经营权在公开市场上向专业大户、家庭农场、农民合作社、农业企业流转，发展多种形式规模经营。"2014年中央1号文件指出："有条件的地方，可对流转土地给予奖补。”

各地政府在发展和培训家庭农场的过程中，土地承包经营权向家庭农场流转都是极为重要的措施。例如，《上海市人民政府办公厅关于本市加快推进家庭农场发展的指导意见》规定：“引导土地优先流向家庭农场。坚持‘依法、自愿、有偿’的原则，积极引导农村土地有序规范流转。鼓励通过建立老年农民养老补贴机制等，引导农民将土地承包经营权委托村委会统一流转，组建家庭农场。加强全市涉农乡镇土地流转服务平台的规范化建设，健全农村土地流转服务网络，为农村土地流转提供法律政策咨询、流转信息发布、流转价格评估、合同签订指导和利益关系协调等服务。”再如，《安徽省人民政府办公厅关于培育发展家庭农场的意见》规定：“稳妥推进土地流转向家庭农场倾斜。按照稳定和完善农村基本经营制度的要求，充分尊重农民的家庭土地承包经营权和土地流转的主体地位，推进土地流转。本村集体经济组织成员建立的家庭农场，同等条件下可以享有土地流转后的优先承包经营权。鼓励有条件的地方整合相关项目资金，按照农业发展规划建设连片成方、旱涝保收的优质农田，优先流转给示范性家庭农场。健全土地流转服务体系，市、县、乡、村土地流转服务机构，要为家庭农场提供法律咨询、供求登记、信息发布、中介协调、指导签证、代理服务、纠纷调处等服务。”下文以上海市为例，简要介绍土地承包经营权流转的奖补政策。

2013年7月26日，上海市农业委员会、上海市财政局发布《关于上海市现代农业组织化经营专项奖补试点的意见》。为进一步规范农村土地承包经营权流转，加快推进现代农业适度规模经营，2013年上海市在奉贤、金山两区的部分镇开展现代农业组织化经营专项奖补试点，2014年起在上海市逐步扩大试点范围。通过实施现代农业组织化经营专项奖补试点，确保土地规范流转，鼓励流出的土地由本村农户经营，促进适度规模经营，保障农产品质量安全，有效改善农村环境。

（一）奖补原则

现代农业组织化经营专项奖补的原则包括：（1）规范流转，规模适度。鼓励承包农户委托村集体统一流转土地，促进适度规模经营。（2）严格考核，注重实效。建立健全和严格执行现代农业组织化经营考核制度，确保政策取得预期效果。（3）市级扶持，区县配套。市、区县两级财政共同对符合条件的对象实施奖补。（4）循序渐进，突出重点。以土地统一流转、规模经营粮食、蔬菜为切入口，在试点区县取得实效的基础上逐步推广。

（二）奖补对象、标准和条件

现代农业组织化经营专项奖补的对象分别为本地承包农户和村民委员会。

对符合条件的本地承包农户，由市、区县财政分别给予每亩100元的专项补贴。承包农户应符合以下条件：一是具有农村土地承包经营权，按照“依法、自愿、有偿”原则流转土地承包经营权的本村农户；二是农户必须出具书面流转委托书，委托村集体统一流转，且委托期限须在3年以上。

对通过考核的村民委员会，由市、区县财政各给予每亩15元的工作奖补。村民委员会应符合以下条件：一是农户委托的土地应集中流转，发展粮食、蔬菜等适度规模经营。粮食生产的经营主体以家庭农场为主，种植面积须在100亩以上，并与自身生产经营能力相匹配；蔬菜生产的经营主体以农民专业合作社、园艺场等为主，种植面积须在30亩以上。二是流转合同及农户委托资料须报乡镇土地流转管理服务中心，流转信息录入“上海市农村土地承包经营信息管理系统”。三是流转的土地不能出现搭建窝棚、改变农业用途、掠夺式经营、违规使用禁止性农业投入品、恶意拖欠侵占农民土地流转费以及农产品质量安全事件等影响农业农村综合治理的违法违规现象。

奖补年度为前一年度7月1日至上年度6月30日。

（三）奖补流程

现代农业组织化经营专项的奖补流程：

（1）村民委员会梳理汇总符合专项补贴条件的本村农户数量和流转面积等相关数据，在村、组公示栏等醒目地方进行公示，公示时间不少于15天，公示内容要翔实具体。在各组公示无异议后，报镇农经站审核。

（2）镇农经站结合“上海市农村土地承包经营信息管理系统”核实数据，对村上报的流转数据及相关书面材料进行审核后，根据考核细则开展对试点村的工作考核，并将考核结果和相关数据报区农经站审核。

（3）区农经站对镇上报的数据和考核材料进行核准后报区农委，区农委、财政局专项检查工作小组对试点村的工作进行抽查，并将考核结果和相关数据报市农委。

（4）市农委、财政局成立联合检查工作小组，根据工作考核指标体系，对区上报的试点村考核结果和相关数据进行抽查，符合规定的，根据有关要求发放补贴资金。

（四）资金管理

现代农业组织化经营专项奖补的资金管理：

专项奖补面积及金额由市农委、市财政局会审后，按照补贴标准，下达批复文件，市财政局将试点补贴资金拨付给试点区财政局，并由区财政配套后，按照有关规定将市、区县两级奖补资金一并拨付至承包农户一折通（一卡通）和村民委员会账户。

市、区两级农委、财政局要切实加强对专项奖补资金的使用管理，严格监督检查，开展绩效评价，确保奖补资金专款专用，发挥奖补资金综合效益。村民委员会奖补经费主要用于开展现代农业组织化经营工作的费用补贴。

建立专项奖补工作监督举报制度，专项奖补资金应纳入本市涉农资金监管平台接受监督；群众可对在开展专项奖补工作中虚报承包农户数量、流转面积等骗取奖补资金，以及冒领、截留、挪用专项奖补资金等违法违规行为进行举报。

对经查明挤占、挪用财政专项补贴资金的单位和个人，按照《财政违法行为处罚处分条例》（国务院第427号令）进行处理。对违法违规行为，除按照规定对项目单位和有关负责人给予相应处罚，还将追回已拨付的专项补助资金。

（五）工作职责

上海市农委、市财政局建立现代农业组织化经营工作考核指标体系，市农委、农经管理部门负责日常工作的监督检查；市、区两级农委、财政适时对试点镇村的现代农业组织化经营工作进行抽查，确保财政专项奖补的工作质量。

试点区农委、财政局根据市现代农业组织化经营工作考核指标体系的有关要求，结合本地实际，研究制定具体的工作考核细则。区、镇两级农经站负责专项奖补试点工作的具体实施。镇农经站根据考核细则，负责对试点村的工作考核。

第三章　家庭农场与农业补贴

2013年中央1号文件就明确提出："按照增加总量、优化存量、用好增量、加强监管的要求，不断强化农业补贴政策，完善主产区利益补偿、耕地保护补偿、生态补偿办法，加快让农业获得合理利润、让主产区财力逐步达到全国或全省平均水平。继续增加农业补贴资金规模，新增补贴向主产区和优势产区集中，向专业大户、家庭农场、农民合作社等新型生产经营主体倾斜。"

2013年中共十八届三中全会《中共中央关于全面深化改革若干重大问题的决定》明确指出："健全农业支持保护体系，改革农业补贴制度，完善粮食主产区利益补偿机制。"

2014年中央1号文件更进一步提出："按照稳定存量、增加总量、完善方法、逐步调整的要求，积极开展改进农业补贴办法的试点试验。继续实行种粮农民直接补贴、良种补贴、农资综合补贴等政策，新增补贴向粮食等重要农产品、新型农业经营主体、主产区倾斜。在有条件的地方开展按实际粮食播种面积或产量对生产者补贴试点，提高补贴精准性、指向性。加大农机购置补贴力度，完善补贴办法，继续推进农机报废更新补贴试点。强化农业防灾减灾稳产增产关键技术补助。继续实施畜牧良种补贴政策。"

一般意义上的补贴，是指政府通过财政手段向某种产品的生产、流通、贸易活动或某些居民提供的转移支付。而农业补贴，是指依据农业的基础地位和产业弱质性特征，以政府为主体实施的对农业从生产到流通环节的财政转移支付。我国农业补贴政策的实施由来已久，最早开始于20世纪50年代末。自进入21世纪以来，我国农业补贴政策体系不断完善，在遵循WTO农业规则的前提下对我国农业的支持力度逐步加强。在我国政府对家庭农场发展的支持中，农业补贴一直扮演着重要的角色。

在中央政府层面，尽管目前尚未制定和实施专门针对家庭农场的农业补贴政策，但家庭农场能够优先享受各项现有农业补贴政策。《2014年国家深化农村改革、支持粮食生产、促进农民增收政策措施》明确："国家将加大对专业大户、家庭农场和农民合作社等新型农业经营主体的支持力度，实行新增补贴向专业大户、家庭农场和农民合作社倾斜政策。鼓励和支持承包土地向专业大户、家庭农场、农民合作社流转，发展多种形式的适度规模经营。鼓励有条件的地方建立家庭农场登记制度，明确认定标准、登记办法、扶持政策。探索开展家庭农场统计和家庭农场经营者培训工作。推动相关部门采取奖励补助等多种办法，扶持家庭农场健康发展。"

不仅如此，为贯彻落实党中央、国务院上述文件的精神，各级地方政府纷纷根据本地的实际情况制定了具体的农业补贴政策，其中包括专门为家庭农场量身打造的补贴项目。接下来，本章首先介绍家庭农场在生产经营中比较常见的几种农业补贴政策，然后介绍某些地方政府对家庭农场提供建设补贴的政策措施。

一、种粮直接补贴

我国种粮直接补贴政策于2004年开始实施，该政策的核心就是把原来粮食风险基金中投入流通环节的粮食间接补贴改为对种粮农民的直接补贴。简言之，国家通过改革把原来补给粮食流通环节的钱直接补到农民手里，把原来的暗补直接变成明补。该政策主要规定在财政部2004年《实行对种粮农民直接补贴、调整粮食风险基金使用范围的实施意见》以及随后几年颁布的几个规章之中，以下简述该政策的主要内容：

（一）粮食直接补贴改革的意义

把通过流通环节的粮食间接补贴改为对种粮农民的直接补贴，建立对种粮农民直接补贴的机制，是稳定和发展粮食生产、保护粮食综合生产能力、保护种粮农民利益和调动农民种粮积极性的重大举措，也是加快粮食流通体制市场化改革进程、促进国有粮食企业改革的客观要求。

（二）补贴的方式

种粮直接补贴的方式有三：一是按照农村税费改革核定的农业税计税土地面积进行补贴；二是按照核定的计税常年产量进行补贴；三是按照农户实际种植粮食作物的面积进行补贴。三者的区别主要是在确定每个农户享受补贴的商品粮数量时，使用的依据和方法不同。具体而言，粮食直补金额的计算方法为：第一步，以县（市）为单位，按该县（市）前三至五年国有粮食购销企业按保护价收购的农民余粮的平均数，确定各县（市）享受补贴的商品粮数量，如果补贴数量低于前三年平均粮食商品量的70%，应按不低于前三年平均粮食商品量的70%确定应享受补贴的粮食数量；第二步，以农业税计税土地面积/农业税计税常产/粮食种植面积为基础，确定每个农户享受补贴的商品粮量，把全县（市）享受补贴的商品粮数量分解到一家一户；第三步，每斤[①]商品粮量的补贴标准按市场价低于保护的目标价格的差价核定，全省统一；最后，每个农户得到补贴额为核定的商品粮量乘以补贴标准。

种粮直补的具体方式，由各省根据本省的实际情况自行决定。粮食主产省、自治区（指河北、内蒙古、辽宁、吉林、黑龙江、江苏、安徽、江西、山东、河南、湖北、湖南、四川，下同）原则上按种粮农户的实际种植面积补贴，如采取其他补贴方式，也要剔除不种粮因素，尽可能做到与种植面积接近；其他省、自治区、直辖市要结合当地实际选择切实可行的补贴方式；具体补贴方式由省级人民政府根据当地实际情况确定。值得注意的是，2014年中央1号文件专门提出了“在有条件的地方开展按实际粮食播种面积或产量对生产者补贴试点，提高补贴精准性、指向性”的要求。每斤商品粮量的补贴标准，由省级人民政府根据本省的市场粮价及对种粮农民保护的目标价格确定并提前公布。保护的目标价格，由省级人民政府按照能够补偿粮食生产成本并使种粮农民获得适当收益，有利于保护农民种粮积极性的原则确定。

（三）补贴的范围

粮食主产省、自治区必须在全省、自治区范围内实行对种粮农民进行直接补贴（含国有农场）；其他省、自治区、直辖市也要比照粮食主产省、自治区的做法，对粮食主产县（市）的种粮农民实行直接补贴，具体实施范围由省级人民政府根据本省实际情况自行决定。必须坚持粮食直补向产粮大县、产粮大户倾斜的原则。

① 斤为非法定计量单位，1斤=0.5千克。下同。——编者注

关于粮食直补的实施范围，有两点需要说明。首先，按照玉米、小麦和稻谷三大粮食品种分类，我国粮食主产区分为玉米主产区、小麦主产区和稻谷主产区。这即是说，我国13个粮食主产省、自治区执行直接补贴的品种是彼此不同的。其次，国家制定了种粮直接补贴资金“中央重点向粮食主产区倾斜，省一级重点向粮食主产县倾斜”的政策，因此种粮直接补贴不是普惠制补贴，而且各省选择的补贴范围也有所不同。

（四）补贴的兑付与监管

粮食直接补贴资金兑付工作由乡镇财政所承担，向农民发放《粮食补贴通知书》，解答各种问题。粮食直补资金实行专户管理，直补资金通过省、市、县（市）级财政部门在同级农业发展银行开设的粮食风险基金专户，进行管理；各级财政部门要在粮食风险基金专户下单设粮食直补资金专账，对直补资金进行单独核算；县以下没有农业发展银行的，有关部门要在农村信用社等金融机构开设粮食直补资金专户；要确保粮食直补资金专户管理、封闭运行。对种粮农民直接补贴资金的兑付，要做到公开、公平、公正，每个农户的补贴面积、享受补贴的粮食数量、补贴标准、补贴金额都要张榜公布，接受群众的监督。地方各级财政部门要加强对粮食直补资金的监管，确保直补资金及时兑付到种粮农民手中，禁止集体代领，坚决杜绝截留、挤占、挪用补贴资金现象的发生。

《2014年国家深化农村改革、支持粮食生产、促进农民增收政策措施》明确：“2014年，中央财政将继续实行种粮农民直接补贴，补贴资金原则上要求发放给从事粮食生产的农民，具体由各省级人民政府根据实际情况确定。2014年1月份，中央财政已向各省（区、市）预拨2014年种粮直补资金151亿元。”

二、农资综合补贴

我国的农资综合补贴始于2006年，对种粮农民柴油、化肥等农业生产资料的增支实施综合直补，资金规模逐年增加，2008年达到了633亿元。2009年8月，财政部、国家发展改革委和农业部共同发布了《关于进一步完善农资综合补贴动态调整机制的实施意见》。所谓农资综合补贴动态调整，是指根据化肥、柴油等主要农资价格上涨情况，在综合考虑当年粮价变动促农增收的基础上，中央财政合理安排农资综合补贴资金，实行动态调整，弥补农民种粮的农资增支，保护农民利益，调动农民种粮积极性。

具体而言，首先，弥补种粮农资涨价增支应运用好国家财政补贴与国家调控粮食价格促进农民增收两方面措施，统筹考虑农资涨价幅度、粮价变化水平和财政补贴力度等因素：当农资价格上涨时，如果粮价涨幅不大，弥补农资增支则以财政增加补贴为主，适当考虑粮价增收因素；如果粮价涨幅较大，农资增支原则上主要靠粮价增收消化，适当增加财政补贴。其次，中央财政安排补贴增量资金与农资涨价引起的种粮增支联动，补贴额度动态调整，即当年农资价格水平较基期上涨较大，导致农民种粮增支较多，中央财政相应多安排增量补贴资金；当年农资价格水平较基期没有上涨或略涨，农民种粮不增支或少量增支，中央财政不安排或少安排增量补贴资金。第三，当年农资价格水平低于基期，农民种粮农资支出减少，为保障农民既得利益，中央财政上年已安排的补贴规模在当年不减少。上年补贴规模自动作为次年的存量补贴，由中央财政继续安排。

农资综合补贴资金由中央财政预算安排。中央财政按照当年测算确定的农资综合补贴规模，安排次年预算。有条件的地方也可结合本地实际情况在中央财政预算基础上适当增加农资综合补贴预算。中央财政对各省（自治区、直辖市）农资综合补贴资金按因素法测算分配。存量资金分配原则上稳定不变；增量资金分配，原则上主要考虑各省（自治区、直辖市）粮食播种面积、产量、商品量等因素分配到省（自治区、直辖市），并适当考虑地区农资价格差异等因素，补贴资金分配向粮食主产省（自治区）倾斜。补贴资金兑付采取当年补上年的办法。上年新增补贴资金连同存量补贴资金于当年年初拨付，各地力争春耕前将补贴落实到户，支持农民春耕生产，保护农民种粮积极性。

年度补贴安排由财政部牵头，会同国家发展改革委和农业部商定，报国务院批准后实施。省级人民政府对本省（自治区、直辖市）农资综合补贴政策的落实负总责。各省级人民政府应按照粮食省长负责制要求，结合实际情况，按照有利于促进粮食生产、有利于保持农村稳定以及简便易行、提高效率等原则，制定切实可行的具体实施方案，进一步完善补贴方式，有条件的省份应积极探索按实际粮食播种面积补贴等方式，使补贴与粮食生产直接挂钩。积极探索支持种粮大户的补贴制度，促进土地适度规模经营。

《2014年国家深化农村改革、支持粮食生产、促进农民增收政策措施》明确：2014年，中央财政将继续实行种粮农民农资综合补贴，补贴资金按照动态调整制度，根据化肥、柴油等农资价格变动，遵循“价补统筹、动态调整、只增不减”的原则及时安排和增加补贴资金，合理弥补种粮农民增加的农业生产资料成本。2014年1月份，中央财政已向各省（自治区、直辖市）预拨2014年种农资综合补贴资金1 071亿元。

三、良种补贴

（一）农作物良种补贴

农作物良种补贴是中央财政为支持农民（含农场职工，下同）使用良种和调动农民生产积极性，加快农作物良种推广，提高农作物产品品质和产量，提高资金使用效益而提供的资金补贴。这里的农作物良种，是指经国家或省级农作物品种审定委员会审定，适合推广应用，符合农业生产需要和市场前景较好的农作物品种。我国中央财政补贴的农作物品种包括水稻、小麦、玉米、大豆、油菜、棉花和国家确定的其他农作物品种。2009年，财政部和农业部联合发布了《中央财政农作物良种补贴资金管理办法》，每年农业部办公厅、财政部办公厅都会印发当年中央财政农作物良种补贴项目实施指导意见。农作物良种补贴政策的主要内容包括：

首先，农作物良种补贴的对象为在农业生产中使用农作物良种的农民。对土地承包人租赁土地给他人种植或由他人代种农作物良种的，按谁种谁享受补贴的原则，补贴资金直接发放给承租人或者代种人。

其次，农作物良种补贴范围是国家规定补贴品种的种植区域。全覆盖补贴品种的范围按补贴品种的实际种植面积核定；未全覆盖补贴品种的范围由农业部、财政部根据国家政策确定。例如，根据《农业部办公厅、财政部办公厅关于做好2012年中央财政农作物良种补贴项目实施工作的通知》，2012年水稻、小麦、玉米、棉花良种补贴在全国31个省（自治区、直辖市）实行全覆盖；大豆良种补贴在辽宁、吉林、黑龙江、内蒙古4省（自治区）实行全覆盖；油菜良种补贴在江苏、浙江、安徽、江西、湖北、湖南、重庆、四川、贵州、云南及河南信阳、陕西汉中和安康地区实行冬油菜全覆盖；青稞良种补贴在四川、云南、西藏、甘肃、青海等省份的藏区实行全覆盖；花生良种补贴在河北、辽宁、吉林、江苏、安徽、江西、山东（含青岛）、河南、湖北、广东、广西、四川12个省（自治区）实施；马铃薯原种生产补贴另行通知。

第三，农作物良种补贴标准由财政部、农业部根据国家政策确定。2012年的补贴标准为：小麦、玉米、大豆、油菜、青稞10元/亩；早稻、中稻（一季稻）、晚稻、棉花、新疆维吾尔自治区和新疆生产建设兵团小麦15元/亩；花生良种补贴为大田生产每亩补贴10元；良种繁育每亩补贴50元。上述补贴标准2013年保持不变。

第四，农作物良种补贴资金采取现金直接补贴和差价供种补贴两种方式。水稻、玉米、油菜采用现金直接补贴方式，具体发放形式由各省按照简单便民的原则自行确定。小麦、大豆、棉花、花生采用现金直接补贴或差价购种补贴方式，采用差价购种补贴的，由省级农业、财政等部门组织良种的统一招标，中标单位实行统一供种，供种单位登记销售清册，购种农民签字确认。

最后，种植面积的核定工作由农民自报面积、核实、公示、确定、汇总上报5个环节组成，农户应对自报面积负责。良种补贴资金发放实行村级公示制，公示的内容包括农户良种补贴面积、补贴品种、补贴标准、补贴资金数额等。如存在虚报良种补贴面积的行为，依照《财政违法行为处罚处分条例》等有关法律法规受到处理、处罚和处分。

有必要补充的是，我国自2007年开始在海南、云南以及广东等省份实施天然橡胶良种补贴项目。2009年，财政部、农业部制定实施了《中央财政天然橡胶良种补贴项目资金管理办法（试行）》，天然橡胶良种补贴政策由财政部和农业部共同组织实施。补贴资金专项用于天然橡胶良种的补贴，补贴区域是海南、云南、广东省优势植胶区，补贴对象是植胶人，补贴品种是通过省级以上农业（热作、农垦）部门鉴定并推荐的品种，补贴方式实行实物售价折扣补贴。

《2014年国家深化农村改革、支持粮食生产、促进农民增收政策措施》明确："2014年，农作物良种补贴政策对水稻、小麦、玉米、棉花、东北和内蒙古的大豆、长江流域10个省（市）和河南信阳、陕西汉中和安康地区的冬油菜、藏区青稞实行全覆盖，并对马铃薯和花生在主产区开展试点。小麦、玉米、大豆、油菜、青稞每亩补贴10元。其中，新疆地区的小麦良种补贴15元；水稻、棉花每亩补贴15元；马铃薯一、二级种薯每亩补贴100元；花生良种繁育每亩补贴50元、大田生产每亩补贴10元。水稻、玉米、油菜补贴采取现金直接补贴方式，小麦、大豆、棉花可采取现金直接补贴或差价购种补贴方式，具体由各省（区、市）按照简单便民的原则自行确定。"

（二）畜牧良种补贴

在我国，中央财政向农户提供良种补贴的做法始于畜牧业。2005年，为促进我国畜牧业发展，加速奶牛品种改良，促进农民增收，提高农业综合生产能力，积极探索财政扶持畜牧业发展的新方式，中央财政设立了奶牛良种补贴试点项目。根据该试点项目，奶牛良种是通过农业部审定的特级奶用种公牛的冷冻精液；奶牛良种补贴对象是项目区饲养奶牛的农户，重点支持农民兴办的奶牛养殖场（小区）。农户养殖的奶牛必须为荷斯坦奶牛；奶牛良种补贴资金实行以实物（冻精）的补贴方式，补贴标准为每支冻精补贴10元。

2007年，中央财政正式设立奶牛良种补贴资金。根据《奶牛良种补贴资金管理暂行办法》，补贴对象是项目区内使用优质种公牛冷冻精液进行品种改良的奶牛养殖者，包括散养户和规模养殖户。补贴品种扩大为奶牛养殖者饲养的具有繁殖能力的荷斯坦牛、奶水牛、褐牛、牦牛等。补贴方式为补贴资金由省级（含计划单列市，下同）财政部门和种公牛站结算；种公牛站供应的冷冻精液价格需经招标采购确定，种公牛站供应给奶牛养殖者的冷冻精液价格为招标价格扣除补贴后的优惠价格；省级财政部门与种公牛站结算时，应根据省级农业（畜牧）部门与种公牛站签订的冻精招标采购合同、种公牛站的供货发票等有关凭证进行结算。补贴标准由财政部和农业部根据优质种公牛冷冻精液的需求和供应等情况确定，具体标准在年度项目实施方案中确定。同年，中央财政设立了生猪良种补贴专项资金，财政部、农业部专门制定实施了《生猪良种补贴资金管理暂行办法》。其补贴方式与奶牛良种补贴资金大致相同，此处不赘。

2007年以来，我国畜牧业良种补贴的补贴品种范围不断扩大，补贴方式和标准也有所调整。根据农业部、财政部《2013年畜牧良种补贴项目实施指导意见》：补贴对象包括项目区内使用良种精液开展人工授精的母猪、奶牛、肉牛养殖场（小区、户）；项目县内存栏能繁母羊30只、牦牛能繁母牛25头以上的养殖户。补贴品种为，生猪补贴品种包括杜洛克猪、长白猪、大约克夏猪等国家批准的引进品种，以及培育品种（配套系）和地方品种；奶牛补贴品种包括荷斯坦牛、娟姗牛、奶水牛、乳用西门塔尔牛、褐牛、牦牛和三河牛等品种；国家批准引进和自主培育的肉牛、绵羊、山羊、牦牛品种，以及优良地方品种。生猪良种补贴按照每头能繁母猪每年使用4份精液，每份精液补贴10元；奶牛良种补贴按照每头能繁母牛每年补贴30元或20元，除了奶水牛，荷斯坦牛（含娟姗牛）每头能繁母牛每年使用2剂冻精，每剂冻精补贴15元，其他奶牛品种每剂冻精补贴10元，奶水牛每头能繁母牛每年使用3剂冻精，每剂冻精补贴10元；肉牛良种补贴按照每头能繁母牛每年使用2剂冻精，每剂补贴5元；绵羊、山羊种公羊一次性补贴800元/只；牦牛种公牛一次性补贴2 000元/头。

《2014年国家深化农村改革、支持粮食生产、促进农民增收政策措施》明确："2013年投入畜牧良种补贴资金12亿元，主要用于对项目省养殖场（户）购买优质种猪（牛）精液或者种公羊、牦牛种公牛给予价格补贴。生猪良种补贴标准为每头能繁母猪40元；奶牛良种补贴标准为荷斯坦牛、娟姗牛、奶水牛每头能繁母牛30元，其他品种每头能繁母牛20元；肉牛良种补贴标准为每头能繁母牛10元；羊良种补贴标准为每只种公羊800元；牦牛种公牛补贴标准为每头种公牛2 000元。2014年国家将继续实施畜牧良种补贴政策。"

四、农机具购置补贴

我国的农机具购置补贴始于1998年，旨在鼓励和支持农民使用先进农业机械，推进我国农业机械化进程。《中华人民共和国农业机械化促进法》于2004年11月正式实施之后，财政部和农业部于2005年2月联合发布了《农业机械购置补贴专项资金使用管理暂行办法》，取代原先的《农业机械购置补贴专项资金使用管理办法（试行）》。根据新办法，农业机械购置补贴是指将中央财政预算内的农业机械购置补贴专项资金按一定比例和要求用于补助支持农民个人和直接从事农业生产的农机服务组织购买符合国家农业产业政策、农业可持续发展和环境保护的要求，且经农机鉴定机构检测合格的农业机械的一种财政支持手段。该补贴政策的主要内容包括：

（一）补贴对象

补贴对象是符合补贴条件的农民（农场职工）和直接从事农业生产的农机服务组织。在申请补贴人数超过计划指标时，按照公平、公正、公开的原则，采用公开摇号等农民易于接受的方式确定补贴对象。

（二）中央财政资金的补贴标准

按不超过机具价格的30%进行补贴。每年农机具购置补贴资金的规模由财政部和农业部根据实际情况加以确定。

（三）补贴范围

补贴的农业机械应符合国家农业产业政策、农业可持续发展和环境保护的要求，且经农机鉴定机构检测合格。重点补贴：（1）大中型拖拉机等农用动力机械；（2）农田作业机具，主要包括：耕整、种植、植保、收获和秸秆还田等机具；（3）粮食及农副产品的产后处理机械；（4）秸秆、饲草加工处理及养殖机械。每年农业部根据全国农业发展需要和国家产业政策确定全国补贴机具种类范围，具体目录可通过3个渠道了解：一是中国农业机械化信息网、中国农机推广网和各地农机化信息网；二是在省、市、县各级农机化主管部门或乡镇农机站查询；三是各地农机化主管部门印发的文件、有关报纸杂志、乡村公告等。

（四）补贴机具的购买

（1）购买补贴农机具必须到省级农机化主管部门公布的补贴产品经销商那里去购买，此类信息通过网络发布、印发文件、报纸杂志宣传、乡村公告等方式公布；（2）农民购买补贴机具时，须通过乡镇农机管理机构向县级农机主管部门提出申请，并填写购机申请表；（3）县级农机主管部门根据《农业机械购置补贴资金使用方案》和优先补贴条件进行审查，确定购机者名单和数量，经张榜公示后，与购机者签订购机补贴协议，并报省级农机主管部门和同级财政部门备案，省级农机主管部门根据汇总结果，统一与供货方协商确定供货事宜，并报省级财政部门备案；（4）购机者购机时可以自主谈价，并应向供货方提交购机补贴协议，按扣除补贴金额后的机具差价款交款提货，供货方出具购机发票；（5）购机后要及时告知县级农机化主管部门核实登记机具，实施牌证管理的还需及时办理牌证。

（五）补贴机具的转卖

享受补贴购买的农机具，原则上两年内不得转卖或转让。因特殊情况需转卖的，须经县级农机化主管部门批准，并报各省级农机化主管部门备案。

《2014年国家深化农村改革、支持粮食生产、促进农民增收政策措施》明确："2014年，农机购置补贴范围继续覆盖全国所有农牧业县（场），补贴对象为纳入实施范围并符合补贴条件的农牧渔民、农场（林场）职工、农民合作社和从事农机作业的农业生产经营组织。补贴机具种类涵盖12大类48个小类175个品目，在此基础上各省（区、市）可在12大类内自行增加不超过

30个其他品目的机具列入中央资金补贴范围。中央财政农机购置补贴资金实行定额补贴，即同一种类、同一档次农业机械在省域内实行统一的补贴标准。一般机具单机补贴限额不超过5万元；挤奶机械、烘干机单机补贴限额可提高到12万元；100马力以上大型拖拉机、高性能青饲料收获机、大型免耕播种机、大型联合收割机、水稻大型浸种催芽程控设备单机补贴限额可提高到15万元；200马力以上拖拉机单机补贴限额可提高到25万元；甘蔗收获机单机补贴限额可提高到20万元，广西壮族自治区可提高到25万元；大型棉花采摘机单机补贴限额可提高到30万元，新疆维吾尔自治区和新疆生产建设兵团可提高到40万元。不允许对省内外企业生产的同类产品实行差别对待。同时在部分地区开展农机深松整地作业补助试点工作。”

此外，与农机购置补贴密切相关还有农机报废更新补贴。“2014年继续在山西、江苏、浙江、安徽、山东、河南、新疆、宁波、青岛、新疆生产建设兵团、黑龙江省农垦总局开展农机报废更新补贴试点工作。农机报废更新补贴与农机购置补贴相衔接，同步实施。报废机具种类主要是已在农业机械安全监理机构登记，并达到报废标准或超过报废年限的拖拉机和联合收割机。农机报废更新补贴标准按报废拖拉机、联合收割机的机型和类别确定，拖拉机根据马力段的不同补贴额从500元到1.1万元不等，联合收割机根据喂入量（或收割行数）的不同分为3 000元到1.8万元不等。”

五、农业防灾减灾、稳产增产关键技术补助

2012年2月，中央财政拨付农业防灾减灾、稳产增产关键技术良法补助资金，将原先应急启动的骨干性防灾减灾技术服

务，以及大棚育秧、地膜覆盖等补助政策常态化。同年3月份，农业部办公厅下发了《关于做好东北水稻大棚育秧、南方早稻集中育秧和小麦“一喷三防”中央财政补助资金落实工作的通知》。2013年4月份，农业部办公厅又下发了《关于做好南方水稻集中育秧和东北水稻大棚育秧补助资金落实工作的通知》。以下摘录2012年通知中的部分内容，以资参考。

1.东北水稻大棚育秧

对黑龙江、吉林、辽宁三省今年（2012年）新建水稻育秧大棚进行补助。补助对象为新建育秧大棚的农户、种稻专业合作社等。主要补助大棚建设所需材料及育秧所需设施设备。大棚骨架为标准钢骨架，单栋大棚跨度6～8米、拱高2.2～2.4米，采用高台苗床，两侧设置通风口，棚间距离2～3米，周边有排水沟，棚内配置微喷灌设施。每栋补助1 000元。东北地区水稻大棚育秧实行“先建棚、后补助”。对农户或专业合作社建设水稻育秧大棚给予补助，补助款在育秧大棚建成后发放。

2.南方早稻集中育秧

对江西、湖南、广东、广西等4个早稻主产省（区）早稻集中育秧进行补助。补助对象为开展集中育秧，为周围农户提供秧苗的种粮大户、育秧专业户、农民专业合作组织等。主要补助统一采购秧盘、棚膜等育秧设备。每亩秧田补助800元，折合每亩大田40元。南方地区水稻集中育秧实行“先育秧、后补助”。根据育秧主体和农民签订的合同及农民购买秧苗的单据核实面积给予补助，补助款在早稻秧苗栽插后发放。

3.小麦主产区“一喷三防”

对河南、山东、河北、安徽、江苏、四川、陕西、湖北、山西、甘肃、新疆等11个冬小麦主产省的1.6亿亩麦田实施“一喷三防”给予补助。主要对施用的杀虫剂、杀菌剂、植物生长调节剂和叶面肥等给予补助。每亩补助5元。小麦主产区实施“一喷三防”要积极推进统一喷防。以植保服务组织为主，以村组织为辅，通过合同或协议方式落实，按实施面积给予补助，可补助资金也可补助物资。

《2014年国家深化农村改革、支持粮食生产、促进农民增收政策措施》明确：“2013年，中央财政安排农业防灾减灾稳产增产关键技术补助60.5亿元，在主产省实现了小麦‘一喷三防’全覆盖，在西北实施地膜覆盖等旱作农业技术补助，在东北秋粮和南方水稻实行综合施肥促早熟补助，针对南方高温干旱和洪涝灾害安排了恢复农业生产补助，大力推广农作物病虫害专业化统防统治，对于预防区域性自然灾害、及时挽回灾害损失发挥了重要作用。2014年，中央财政将继续加大相关补助力度，积极推动实际效果显著的关键技术补助常态化。”

六、地方政府对家庭农场的建设补贴

较有代表性的是武汉市政府2011年对家庭农场基础设施建设给予补贴的做法，以下简述之。根据武汉市《2011年家庭农场申请财政补贴项目指南》（下称“项目指南”）：

（1）项目申报主体的资格条件：家庭农场主为具有武汉市农村户籍、从事农业生产发展的农户（提供银行账号）；男性年龄在50岁以下，女性年龄在45岁以下；具有高中或相当高中以上水平，具有市农广校以上部门颁发的“绿色证书”；有2名以上固定劳力从事生产，以农业收入为主要经济来源；具有5年以上主产业种养经验。

（2）家庭农场的建设标准：项目指南规定了4种有资格申请补贴的家庭农场类型，它们分别是种植业家庭农场、水产业家庭农场、种养综合型家庭农场和循环农业型家庭农场。对于种植业、水产业和种养综合型家庭农场，项目指南从规模、技术、设施以及经营管理4个产业维度规定了详细的建设标准；对于循环农业型家庭农场，项目指南则从畜禽养殖、循环农业两个方面规定了建设标准。

（3）申报与拨款：申报主体提交的申报文件中除相关权属证明、经营资质以及家庭农场的实施方案等资料，还应提供申报家庭农场项目建议书，包括建设类型、建设内容、现有建设标准及资金效益分析等。补贴采取“先建后补”的方式。验收标准有三，分别是申报主体条件、建设标准以及市农业局、市财政局联合审定并批复的家庭农场项目实施方案。对于经市农业局、市财政局批准立项且达标的种植业、水产业专业型家庭农场，种养综合、循环农业型家庭农场，就其新建的基础设施部分拨付补贴资金。

重庆市永川区2013年《关于发展家庭农场的实施意见（试行）》也含有类似的补贴政策。对经过验收满足人员条件和规模条件的家庭农场，财政一次性给予补助，每个补助3万元。与武汉市做法不同的是，永川区补助资金的用途不局限于家庭农场基础设施建设，可广泛用于支持家庭农场土地整治、设施建设、新品种和新技术引进、农机具购置补贴等。

第四章 家庭农场与金融服务

一、农村金融服务概述

2013年中央1号文件指出："改善农村金融服务。加强国家对农村金融改革发展的扶持和引导，切实加大商业性金融支农力度，充分发挥政策性金融和合作性金融作用，确保持续加大涉农信贷投放。创新金融产品和服务，优先满足农户信贷需求，加大新型生产经营主体信贷支持力度。加强财税杠杆与金融政策的有效配合，落实县域金融机构涉农贷款增量奖励、农村金融机构定向费用补贴、农户贷款税收优惠、小额担保贷款贴息等政策。稳定县（市）农村信用社法人地位，继续深化农村信用社改革。探索农业银行服务‘三农’新模式，强化农业发展银行政策性职能定位，鼓励国家开发银行推动现代农业和新农村建设。支持社会资本参与设立新型农村金融机构。改善农村支付服务条件，畅通支付结算渠道。加强涉农信贷与保险协作配合，创新符合农村特点的抵（质）押担保方式和融资工具，建立多层次、多形式的农业信用担保体系。扩大林权抵押贷款规模，完善林业贷款贴息政策。健全政策性农业保险制度，完善农业保险保费补贴政策，加大对中西部地区、生产大县农业保险保费补贴力度，适当提高部分险种的保费补贴比例。开展农作物制种、渔业、农机、农房保险和重点国有林区森林保险保费补贴试点。推进建立财政支持的农业保险大灾风险分散机制。支持符合条件的农业产业化龙头企业和各类农业相关企业通过多层次资本市场筹集发展资金。”2013年中共十八届三中全会《中共中央关于全面深化改革若干重大问题的决定》明确指出：“保障金融机构农村存款主要用于农业农村。……完善农业保险制度。”

2014年中央1号文件明确提出了加快农村金融制度创新的要求。具体而言，“强化金融机构服务‘三农’职责。稳定大中型商业银行的县域网点，扩展乡镇服务网络，根据自身业务结构和特点，建立适应‘三农’需要的专门机构和独立运营机制。强化商业金融对‘三农’和县域小微企业的服务能力，扩大县域分支机构业务授权，不断提高存贷比和涉农贷款比例，将涉农信贷投放情况纳入信贷政策导向效果评估和综合考评体系。稳步扩大农业银行三农金融事业部改革试点。鼓励邮政储蓄银行拓展农村金融业务。支持农业发展银行开展农业开发和农村基础设施建设中长期贷款业务，建立差别监管体制。增强农村信用社支农服务功能，保持县域法人地位长期稳定。积极发展村镇银行，逐步实现县市全覆盖，符合条件的适当调整主发起行与其他股东的持股比例。支持由社会资本发起设立服务‘三农’的县域中小型银行和金融租赁公司。对小额贷款公司，要拓宽融资渠道，完善管理政策，加快接入征信系统，发挥支农支小作用。支持符合条件的农业企业在主板、创业板发行上市，督促上市农业企业改善治理结构，引导暂不具备上市条件的高成长性、创新型农业企业到全国中小企股份转让系统进行股权公开挂牌与转让，推动证券期货经营机构开发适合‘三农’的个性化产品。”同时，“发展新型农村合作金融组织。在管理民主、运行规范、带动力强的农民合作社和供销合作社基础上，培育发展农村合作金融，不断丰富农村地区金融机构类型。坚持社员制、封闭性原则，在不对外吸储放贷、不支付固定回报的前提下，推动社区性农村资金互助组织发展。完善地方农村金融管理体制，明确地方政府对新型农村合作金融监管职责，鼓励地方建立风险补偿基金，有效防范金融风险。适时制定农村合作金融发展管理办法。”

（一）金融服务“三农”发展的基本要求

农村金融是我国金融体系的重要组成部分，是支持服务“三农”发展的重要力量。近年来，我国农村金融取得长足发展，初步形成了多层次、较完善的农村金融体系，服务覆盖面不断扩大，服务水平不断提高。但总体上看，农村金融仍是整个金融体系中最为薄弱的环节。为贯彻落实中共十八大、十八届三中全会精神和国务院的决策部署，积极顺应农业适度规模经营、城乡一体化发展等新情况、新趋势、新要求，进一步提升农村金融服务的能力和水平，实现农村金融与“三农”的共赢发展，2014年4月20日，国务院办公厅发布《关于金融服务“三农”发展的若干意见》，对金融服务“三农”发展提出了基本要求，主要包括以下9个方面：（1）深化农村金融体制机制改革；（2）大力发展农村普惠金融；（3）引导加大涉农资金投放；（4）创新农村金融产品和服务方式；（5）加大对重点领域的金融支持；（6）拓展农业保险的广度和深度；（7）稳步培育发展农村资本市场；（8）完善农村金融基础设施；（9）加大对“三农”金融服务的政策支持。

（二）金融支持现代农业的重点之一——家庭农场

为切实推动贯彻落实金融服务“三农”发展的各项要求，

完善强农惠农富农政策体系，全面提升金融支农能力和水平，2014年8月1日，农业部发布《关于推动金融支持和服务现代农业发展的通知》，其主要内容包括：(1) 抓住机遇，努力开创金融支农工作新局面；(2) 明确思路，把握好金融支持现代农业的重点；(3) 开阔视野，积极推动金融支农服务创新；(4) 发挥优势，推动完善农业保险；(5) 创新机制，充分发挥财政促进金融支农作用；(6) 主动配合，推动形成良好的部门合作机制。

《关于推动金融支持和服务现代农业发展的通知》确定了金融支持现代农业的重点，即“金融支农涉及农业农村经济工作的方方面面，要分阶段、有重点地稳步推进。当前和今后一个时期，各级农业部门要紧紧围绕确保粮食等重要农产品有效供给和农民收入持续较快增长的中心任务，以加快建设现代农业和促进农业可持续发展为目标，以破解农业生产金融服务难题，尤其是新型农业经营主体‘贷款难、贷款贵’为重点，以财政促进金融，打通金融支农通道为切入点，主动进取、力求突破，不断提高现代农业建设的金融保障水平。”

“各级农业部门要从农业农村经济发展实际需要出发，积极协调配合金融管理部门与服务机构，聚焦专业大户、家庭农场、农民合作社、农业产业化龙头企业等新型农业经营主体日益增长的金融服务需求，努力加大对流动资金和基础设施投入的金融支持；聚焦农业生产规模化、集约化、产业化发展的金融服务需求，积极争取加大对高标准农田建设、粮棉油糖高产创建、园艺作物和畜禽水产标准化生产、种养业良种生产、农产品加工，以及农业科技创新、农机装备制造、设施农业、现代农业示范区等的金融支持；聚焦农业生产流通服务的金融服务需求，积极争取加大对农业生产性服务业、市场信息、仓储物流、农产品收购等的金融支持。”

2014年7月31日，中国银监会、农业部发布的《关于金融支持农业规模化生产和集约化经营的指导意见》也明确要求应当加强农业规模经营主体培育和农村信用体系建设。“以构建新型农业经营体系为主线，坚持发展与规范并举，数量与质量并重，积极培育家庭农场等规模经营农户，切实加强农民合作社规范化建设，实行示范家庭农场、农民合作社名录制度，引导农业规模经营主体规范运行。通过健全规章制度，完善运行机制，加强民主管理，强化指导服务，加大政策扶持，夯实发展基础，使家庭农场、农民合作社等农业规模经营主体真正成为运作规范、治理完善、能独立承担民事行为责任的农业规模经营主体和合格承贷主体。鼓励和引导工商企业重点从事农产品加工流通业和农业社会化服务，带动农户和农民合作社开展农业规模化生产和集约化经营。按照主体多元、形式多样、竞争充分的原则，大力培育农业社会化服务组织。推进农村信用体系建设。规范开展对各类农业规模经营主体的信用评定工作，将信用评定结果与对农业规模经营主体的贷款授信结合起来。对信用等级较高的农业规模经营主体在同等条件下实行贷款优先、利率优惠的正向激励机制，推动农业规模经营主体加快发展。加强农村信用文化培育。引导各类农业规模经营主体守法经营，重合同、守信用，大力培育守信光荣、失信可耻的信用观念和诚信氛围，持续提高信用意识，不断改善信用环境。协调配合地方政府和司法部门打击骗贷和恶意逃债行为，切实保护好金融机构作为债权人的合法权益。”

以下，本章将从信贷服务和农业保险两个方面，阐述与家庭农场相关的农场金融服务。

二、家庭农场与信贷服务

从事农业规模化、集约化、商品化生产经营，是家庭农场的显著特征之一。这就使得家庭农场的金融需求具有以下3个方面的特点。其一，融资需求额度普遍较大：随着农业生产的规模化经营，家庭农场的融资缺口也不断放大，最主要表现在融资额度的增幅较大。其二，融资期限逐渐多元化：相比农户主要以短期融资需求为主，家庭农场对融资期限的要求更加多元化，既有季节性较强的短期融资需求，又有较大规模的中长期融资需求。其三，融资用途日趋多元化：目前，我国已进入加快改造传统农业、挺进特色农业的发展期，农业产业链条上的生产、加工、储藏、销售等诸多环节都需要信贷支持，贷款用途开始由单纯的传统种养殖需求向生产、经营与消费多元化需求转变。如何满足上述金融需求、促进家庭农场发展，是关系到加快推进农业现代化、促进城乡统筹发展和实现“四化同步”目标的重大课题。

（一）中央银行加强信贷服务的举措

为了扎实做好家庭农场等新型农业经营主体金融服务，2014年2月13日，中国人民银行发布《关于做好家庭农场等新型农业经营主体金融服务的指导意见》，对家庭农场信贷服务的支持性政策和举措，主要包括以下几个方面：

1.切实加大对家庭农场等新型农业经营主体的信贷支持力度

各银行业金融机构对经营管理比较规范、主要从事农业生产、有一定生产经营规模、收益相对稳定的家庭农场等新型农业经营主体，应采取灵活方式确定承贷主体，按照“宜场则场、宜户则户、宜企则企、宜社则社”的原则，简化审贷流程，确保其合理信贷需求得到有效满足。重点支持新型农业经营主体购买农业生产资料、购置农机具、受让土地承包经营权、从事农田整理、农田水利、大棚等基础设施建设维修等农业生产用途，发展多种形式规模经营。

2.合理确定贷款利率水平，有效降低融资成本

对于符合条件的家庭农场等新型农业经营主体贷款，各银行业金融机构应从服务现代农业发展的大局出发，根据市场化原则，综合调配信贷资源，合理确定利率水平。对于地方政府出台了财政贴息和风险补偿政策以及通过抵质押或引入保险、担保机制等符合条件的新型农业经营主体贷款，利率原则上应低于本机构同类同档次贷款利率平均水平。各银行业金融机构在贷款利率之外不应附加收费，不得搭售理财产品或附加其他变相提高融资成本的条件，切实降低新型农业经营主体融资成本。

3.适当延长贷款期限，满足农业生产周期实际需求

对日常生产经营和农业机械购买需求，提供1年期以内短期流动资金贷款和1～3年期中长期流动资金贷款支持；对于受让土地承包经营权、农田整理、农田水利、农业科技、农业社会化服务体系建设等，可以提供3年期以上农业项目贷款支持；对于从事林木、果业、茶叶及林下经济等生长周期较长作物种植的，贷款期限最长可为10年，具体期限由金融机构与借款人根据实际情况协商确定。在贷款利率和期限确定的前提下，可适当延长本息的偿付周期，提高信贷资金的使用效率。对于林果种植等生产周期较长的贷款，各银行业金融机构可在风险可控的前提下，允许贷款到期后适当展期。

4.合理确定贷款额度，满足农业现代化经营资金需求

各银行业金融机构要根据借款人生产经营状况、偿债能力、还款来源、贷款真实需求、信用状况、担保方式等因素，合理确定新型农业经营主体贷款的最高额度。原则上，从事种植业的专业大户和家庭农场贷款金额最高可以为借款人农业生产经营所需投入资金的70%，其他专业大户和家庭农场贷款金额最高可以为借款人农业生产经营所需投入资金的60%。家庭农场单户贷款原则上最高可达1 000万元。鼓励银行业金融机构在信用评定基础上对农民合作社示范社开展联合授信，增加农民合作社发展资金，支持农村合作经济发展。

5.加快农村金融产品和服务方式创新，积极拓宽抵质押担保物范围

各银行业金融机构要加大农村金融产品和服务方式创新力度，针对不同类型、不同经营规模家庭农场等新型农业经营主体的差异化资金需求，提供多样化的融资方案。对于种植粮食类新型农业经营主体，应重点开展农机具抵押、存货抵押、大额订单质押、涉农直补资金担保、土地流转收益保证贷款等业务，探索开展粮食生产规模经营主体营销贷款创新产品；对于种植经济作物类新型农业经营主体，要探索蔬菜大棚抵押、现金流抵押、林权抵押、应收账款质押贷款等金融产品；对于畜禽养殖类新型农业经营主体，要重点创新厂房抵押、畜禽产品抵押、水域滩涂使用权抵押贷款业务；对产业化程度高的新型农业经营主体，要开展“新型农业经营主体＋农户”等供应链金融服务；对资信情况良好、资金周转量大的新型农业经营主体要积极发放信用贷款。人民银行各分支机构要根据中央统一部署，主动参与制定辖区试点实施方案，因地制宜，统筹规划，积极稳妥推动辖内农村土地承包经营权抵押贷款试点工作，鼓励金融机构推出专门的农村土地承包经营权抵押贷款产品，配置足够的信贷资源，创新开展农村土地承包经营权抵押贷款业务。

6.加强农村金融基础设施建设，努力提升综合金融服务水平

进一步改善农村支付环境，鼓励各商业银行大力开展农村支付业务创新，推广POS机、网上银行、电话银行等新型支付业务，多渠道为家庭农场提供便捷的支付结算服务。支持农村粮食、蔬菜、农产品、农业生产资料等各类专业市场使用银行卡、电子汇划等非现金支付方式。探索依托超市、农资站等组建村组金融服务联系点，深化银行卡助农取款服务和农民工银行卡特色服务，进一步丰富村组的基础性金融服务种类。完善农村支付服务政策扶持体系。持续推进农村信用体系建设，建立健全对家庭农场、专业大户、农民合作社的信用采集和评价制度，鼓励金融机构将新型农业经营主体的信用评价与信贷投放相结合，探索将家庭农场纳入征信系统管理，将家庭农场主要成员一并纳入管理，支持守信家庭农场融资。

7.切实发挥涉农金融机构在支持新型农业经营主体发展中的作用

农村信用社（包括农村商业银行、农村合作银行）要增强支农服务功能，加大对新型农业经营主体的信贷投入；农业发展银行要围绕粮、棉、油等主要农产品的生产、收购、加工、销售，通过“产业化龙头企业＋家庭农场”等模式促进新型农业经营主体做大做强。积极支持农村土地整治开发、高标准农田建设、农田水利等农村基础设施建设，改善农业生产条件；农业银行要充分利用作为国有商业银行“面向‘三农’”的市场定位和“三农金融事业部”改革的特殊优势，创新完善针对新型农业经营主体的贷款产品，探索服务家庭农场的新模式；邮政储蓄银行要加大对“三农”金融业务的资源配置，进一步强化县以下机构网点功能，不断丰富针对家庭农场等新型农业经营主体的信贷产品。农业发展银行、农业银行、邮政储蓄银行和农村信用社等涉农金融机构要积极探索支持新型农业经营主体的有效形式，可选择部分农业生产重点省份的县（市），提供“一对一服务”，重点支持一批家庭农场等新型农业经营主体发展现代农业。其他涉农银行业金融机构及小额贷款公司，也要在风险可控前提下，创新信贷管理体制，优化信贷管理流程，积极支持新型农业经营主体发展。

8.综合运用多种货币政策工具，支持涉农金融机构加大信贷投入

人民银行各分支机构要综合考虑差别准备金动态调整机制有关参数，引导地方法人金融机构增加县域资金投入，加大对家庭农场等新型农业经营主体的信贷支持。对于支持新型农业经营主体信贷投放较多的金融机构，要在发放支农再贷款、办理再贴现时给予优先支持。通过支农再贷款额度在地区间的调剂，不断加大对粮食主产区的倾斜，引导金融机构增加对粮食主产区新型农业经营主体的信贷支持。

9.创新信贷政策实施方式

人民银行各分支机构要将新型农业经营主体金融服务工作与农村金融产品和服务方式创新、农村金融产品创新示范县创建工作有机结合，推动涉农信贷政策产品化，力争做到“一行一品”，确保政策落到实处。充分发挥县域法人金融机构新增存款一定比例用于当地贷款考核政策的引导作用，提高县域法人金融机构支持新型农业经营主体的意愿和能力。深入开展涉农信贷政策导向效果评估，将对新型农业经营主体的信贷投放情况纳入信贷政策导向效果评估，以评估引导带动金融机构支持新型农业经营主体发展。

10.拓宽家庭农场等新型农业经营主体多元化融资渠道

对经工商注册为有限责任公司、达到企业化经营标准、满足规范化信息披露要求且符合债务融资工具市场发行条件的新型家庭农场，可在银行间市场建立绿色通道，探索公开或私募发债融资。支持符合条件的银行发行金融债券专项用于“三农”贷款，加强对募集资金用途的后续监督管理，有效增加新型农业经营主体信贷资金来源。鼓励支持金融机构选择涉农贷款开展信贷资产证券化试点，盘活存量资金，支持家庭农场等新型农业经营主体发展。

11.加大政策资源整合力度

人民银行各分支机构要积极推动当地政府出台对家庭农场等新型农业经营主体贷款的风险奖补政策，切实降低新型农业经营主体融资成本。鼓励有条件的地区由政府出资设立融资性担保公司或在现有融资性担保公司中拿出专项额度，为新型农业经营主体提供贷款担保服务。各银行业金融机构要加强与办理新型农业经营主体担保业务的担保机构的合作，适当扩大保证金的放大倍数，推广“贷款+保险”的融资模式，满足新型农业经营主体的资金需求。推动地方政府建立农村产权交易市场，探索农村集体资产有序流转的风险防范和保障制度。

12.加强组织协调和统计监测工作

人民银行各分支机构要加强与地方政府有关部门和监管部门的沟通协调，建立信息共享和工作协调机制，确保对家庭农场等新型农业经营主体的金融服务政策落到实处。要积极开展对辖区内各经办银行的业务指导和统计分析，按户、按金融机构做好家庭农场等新型农业经营主体金融服务的季度统计报告，动态跟踪辖区内新型农业经营主体金融服务工作进展情况。同时要密切关注主要农产品生产经营形势、供需情况、市场价格变化，防范新型农业经营主体信贷风险。

（二）地方政府完善信贷服务的做法

为落实2013年和2014年中央1号文件关于加强和完善农村金融服务的要求，支持家庭农场等新型农业经营主体获得信贷支持，各地政府因地制宜、改革创新，摸索出一系列完善信贷服务的做法。以下，本章将选取四川省成都市下辖的温江区、崇州市，以及山东省青岛市下辖的平度市等“一区两市”有代表性的做法加以介绍。

1.成都市温江区的农村土地流转收益保证贷款试点工作

2013年12月，中国人民银行成都分行、中共四川省委农村工作委员会、四川省人民政府金融办公室、四川省农业厅联合发文《〈四川省农村土地流转收益保证贷款试点工作方案〉的通知》，温江区被确定为四川省农村土地流转收益保证贷款试点区县。区委、区政府对此高度重视，立即成立了改革工作试点领导小组，研究制定了工作方案，积极推动了改革试点。

按照改革试点的总体要求，结合本地实际，温江区制定了推进“三项基础工程、五项配套制度、三项风控措施”为主要内容的试点改革总体方案。具体讲，夯实三项基础工程，即夯实农村产权确权基础、夯实三级服务机构和夯实三证信息化建设。建立健全五项配套制度，即进一步制定完善并试行《成都市温江区农村土地经营权证登记管理办法》、《农村土地经营权抵押登记管理办法》、《农村土地经营权价值评估办法》、《关于对农村土地流转收益保证贷款提供司法保障的指导意见》和《农村土地流转风险补偿专项资金筹集与使用管理办法》等政策制度。强化三项风控措施，即建立农村土地经营权抵押融资风险分担机制、建立完善农村产权流转体系、建立农户和规模经营业主的征信管理体系。

在上述工作的基础上，按照试点先行、稳妥推进、逐步完善的改革推进理念，温江区级相关部门与中国人民银行温江支行、金融担保机构和商业银行选择农村土地流转相对集中、农业经营主体运营稳定的区域积极开展试点。2014年1月24日，成都市温江区红花紫薇花木专业合作社首笔土地经营权抵押贷款落定，红花紫薇专业合作社用122.53亩土地的经营权，获得了3年期62万元的贷款。具体而言，第一步是试点颁发农村土地承包经营权证：按照中央关于农村土地所有权、承包权、经营权分离的改革精神，红花紫薇花木专业合作社依据农村承包地流转合同、3年租金支付凭证、营业执照等提出申请，区农村发展局按照《成都市农村土地经营权登记管理办法（试行）》规定，向其颁发了农村土地承包经营权证。第二步是评估确定土地经营权价值：经三联担保公司推荐，由四川标准房地产估价有限责任公司牵头，会同区三联担保公司、成都银行、区金融办、区委统筹委、区农村发展局相关人员和农村基层干部、农户代表，深入到经营业主基地，对土地经营权价值按照粮食、蔬菜等大宗农作物“最低标准”进行了评估；经综合评定，122.53亩土地经营权价值88.11万元。第三步是对接担保公司和融资银行实施抵押贷款：区试点工作领导小组确定区三联担保公司、成都银行作为试点金融机构为经营业主提供融资借款服务；2014年1月24日，红花紫薇专业合作社分别与成都银行、三联担保公司签订了借款合同和反担保抵押合同，经三联担保公司申请，区农村发展局为其颁发了土地经营权他项权证；成都银行根据借款合同确定的金额，为红花紫薇专业合作社发放了62万元的贷款，贷款利率在基准利率的基础上上浮15%。

按照依法有据的原则，温江区在试点工作中制定了一系列配套改革政策。截至2014年7月底，已办理农村土地经营权登记颁证6笔，实现农村土地经营权抵押融资5笔、金额412万元。

2.成都市崇州市构建农村金融服务体系的做法

农村金融是现代农村经济的核心。崇州市通过完善政府农业投融资平台，实施农业职业经理人担保贷款政策，鼓励合作社开展社员资金互助等多项举措，为新型农业经营主体的发展提供资金保障。

第一，深化完善农业政策性投融资平台。崇州市深化完善农业政策性投融资担保平台的运作机制，组建了崇州市银信统筹城乡发展投资有限公司。积极引导农业政策性投融资担保平台开展农业农村建设融资，多渠道拓展农业农村建设投资。加强银政合作，与成都农商银行、村镇银行建立了战略合作关系，鼓励创新农村金融产品，大力发展适应农村特点的小额贷款和微型金融贷款。截至2014年2月，全市农业政策性投融资担保平台先后对14个农业项目实施投融资扶持，项目总投资26.3亿元，其中：利用融资直接投资12.8亿元，放大金融资金投入13.5亿元，引导集聚社会资金9.9亿元；农村产权担保公司担保农业农村建设贷款3 000多宗、担保贷款4.1亿元。

第二，实施农业职业经理人担保贷款。农业职业经理人是“新型职业农民”的一种类型，指运营掌控农业生产经营所需的资源、资本，在为农民专业合作经济组织、企业或业主谋求最大经济效益的同时，从中获得佣金或红利的农业技能人才。2013年10月，崇州市颁布实施了《农业职业经理人担保贷款实施意见》，对符合国家相关金融法律、法规和政策要求，已取得成都市或崇州市相关职能部门颁发的农业职业经理人资格证书并在岗的农业职业经理人，按照“初级农业职业经理人不超过10万元；中级农业职业经理人不超过20万元；高级农业职业经理人不超过30万元”的标准，由成都农商银行崇州支行、成都银行崇州支行、崇州上银村镇银行三家贷款受理单位提供贷款，并由崇州市蜀兴农村产权融资担保有限责任公司提供担保。贷款期限根据申请人的贷款用途设定，用于购置农业机械、设备等固定资产投入的，贷款期限原则上为1～3年；用于农业种养殖业、农副产品生产、加工销售等流动资金的贷款期限原则上为1年。对按时结清贷款本息的借款人，由市财政局按银行同期贷款基准利率的50%予以补贴。利率原则上按银行同期贷款基准利率执行，上浮不超过10%。免收农业职业经理人贷款担保费。由市财政拨付500万元建立“崇州市农业职业经理人担保贷款风险保证金”，风险保证金注入农村产权融资担保有限责任公司，在出现代偿时先由风险保证金垫付，再依法进行追偿。

第三，探索创建资金互助合作机制。崇州市积极探索土地股份合作社社员资金互助，吸收民间资本和社会资本参与土地合作社发展，政府给予社员互助资金贴息扶持，拓展土地股份合作社生产经营资金渠道。2013年，土地股份合作社开展社员互助资金3 332.47万元，资金互助农户5 811户。2014年，崇州市对土地股份合作社示范社开展社员资金互助，按银行农业贷款年利率7.8%（或月利率6.5‰）给予贴息扶持。

3.青岛市平度市金融扶持新型农业经营主体的做法

一方面，创新农村金融体制，支持新型农业经营主体以土地经营权抵押融资。平度市积极联系金融部门，多次与青岛农商银行、潍坊银行平度支行、邮政储蓄银行、民生银行等金融机构进行座谈，商讨农村金融体制创新，研究制定了农村土地经营权抵押融资程序，2013年，通过潍坊银行发放了青岛市首笔家庭农场贷款，并以土地经营权抵押融资30万元，为青岛市农村土地抵押担保融资实现破题。2014年，平度农商银行、潍坊银行平度支行、邮政储蓄银行等多家金融机构与政府密切联系，深入调研，达成涉农授信4亿多元。2014年4月，青岛市人民银行与青岛农委联合下发了《青岛市农村土地承包经营权抵押贷款管理办法（试行）》，平度市据此于5月22日发出了青岛市首张农村土地经营权证（春香秋实家庭农场）。截至2014年6月底，平度市共有5家新型农业经营主体办理并取得了农村土地经营权证，还有1家正在办理过程中。取得农村土地经营权证后，5家新型农业经营主体积极与金融部门联系洽谈权证抵押融资事宜，其中青岛金穗粮油专业合作社已获得中国农业发展银行平度支行权证抵押贷款1 800万元，成为青岛市以农村土地经营权证抵押获得的首笔贷款。春香秋实家庭农场也取得了潍坊银行平度支行100万元的贷款。

另一方面，培育农业经营服务性组织，建立为农信贷服务新途径。根据2013年中央1号文件提出的“建设中国农业特色现代农业，必须建立完善的农业社会化服务体系”的精神，平度市通过考察筛选，最终确定青岛烟青农资总公司作为全市新型经营主体专业服务公司，并依托该公司成立了平度市新型农业经营主体联合会。联合会通过与金融机构的协调配合，建立了“联合会协调初审、银行独立调查、联保或一户多保”的全新信贷模式。为了便于贷款管理，确保贷款安全，又追加联合会依托青岛烟青塑料制品有限公司为其下游客户提供连带责任保证担保，并将保证金办理质押，形成“经营户担保＋公司担保＋保证金质押”的担保模式。截至2014年6月底，联合会共为新型农业经营主体等联系贷款资金共计2.8亿余元。其中，与潍坊银行联合推出了“金土地”系列信贷产品。主要有：面向家庭农场的“农家乐”产品，已发放贷款6笔，600余万元；面向农民合作社的“合作赢”产品，已放贷2 900多万元；面向粮食收购户的“粮满仓”信贷产品，已发放6户1 000万元；扶持土地经营大户的“富满地”信贷产品300万元；扶持荒山开发的“相思豆”信贷产品，已通过林权抵押融资2笔2 400万元等。

三、家庭农场与农业保险

2014年中央1号文件指出：“加大农业保险支持力度。提高中央、省级财政对主要粮食作物保险的保费补贴比例，逐步减少或取消产粮大县县级保费补贴，不断提高稻谷、小麦、玉米三大粮食品种保险的覆盖面和风险保障水平。鼓励保险机构开展特色优势农产品保险，有条件的地方提供保费补贴，中央财政通过以奖代补等方式予以支持。扩大畜产品及森林保险范围和覆盖区域。鼓励开展多种形式的互助合作保险。规范农业保险大灾风险准备金管理，加快建立财政支持的农业保险大灾风险分散机制。探索开办涉农金融领域的贷款保证保险和信用保险等业务。”

各地在制定本地区农业保险制度过程中，许多省份做出了政策性保险向家庭农场倾斜的安排。比如，上海市人民政府办公厅《关于本市加快推进家庭农场发展的指导意见》提出：“将家庭农场纳入政策性农业保险范围，并予以政策倾斜；增加农业保险在家庭农场的险种，为家庭农场发展提供保障。”又如，安徽省人民政府办公厅《关于培育发展家庭农场的意见》提出：“扩大政策性农业保险覆盖范围。开展家庭农场互助合作保险和家庭农场综合性保险试点。”

本部分在阐释农业保险的基础上，从我国政策性农业保险制度中选取种植业保险、养殖业保险和涉农保险3个领域加以简述。

（一）农业保险概述

1.农业保险的概念

从经济角度看，保险是分摊意外事故损失的一种财务安排；从法律角度看，保险是一种合同行为，是一方同意补偿另一方损失的一种合同安排；从社会角度看，保险是社会经济保障制度的重要组成部分，是社会生产和社会生活“精巧的稳定器”；从风险管理角度看，保险是风险管理的一种方法。根据《中华人民共和国保险法》，保险是指投保人根据合同的约定，向保险人支付保险费，保险人对于合同约定的可能发生的事故因其发生所造成的财产损失承担赔偿保险金责任，或者当被保险人死亡、伤残、疾病或者达到合同约定的年龄、期限时承担给付保险金责任的保险行为。

为了规范农业保险活动，保护农业保险活动当事人的合法权益，提高农业生产抗风险能力，促进农业保险事业健康发展，根据《中华人民共和国保险法》、《中华人民共和国农业法》等法律，2012年10月24日国务院第222次常务会议通过了《农业保险条例》，自2013年3月1日起施行。

根据《农业保险条例》规定，农业保险是指保险机构根据农业保险合同，对被保险人在种植业、林业、畜牧业和渔业生产中因保险标的遭受约定的自然灾害、意外事故、疫病、疾病等保险事故所造成的财产损失，承担赔偿保险金责任的保险活动。《农业保险条例》中提到的保险机构，是指保险公司以及依法设立的农业互助保险等保险组织。

需要指出的是，保险包括商业性保险和政策性保险，《农业保险条例》第三条第一款规定：“国家支持发展多种形式的农业保险，健全政策性农业保险制度。”目前，我国的农业保险主要是政策性农业保险，商业性农业保险不多见。本章所谈到的农业保险就是指政策性农业保险，其含义可以概括为政府从国家的宏观经济利益出发，对关系国计民生的农业实施保护政策，运用商业保险的原理并给予扶持政策而开办的农业保险。

2.我国农业保险的发展历程

虽然我国《农业保险条例》2013年才生效，但我国农业保险已有近10年的发展历程。2006年，国务院在《关于保险业改革发展的若干意见》中就明确提出：探索建立适合我国国情的农业保险发展模式，将农业保险作为支农方式的创新，纳入农业支持保护体系；明确政策性农业保险的业务范围，并给予政策支持，促进我国农业保险的发展；探索发展相互制、合作制等多种形式的农业保险组织。根据上述要求，财政部2007年选择内蒙古、吉林、江苏、湖南、新疆和四川等地区开展中央财政农业保险保费补贴试点工作。同年，国家支持在全国范围内建立能繁母猪重大病害、自然灾害、意外事故等保险制度，财政部专门制定实施了《能繁母猪保险保费补贴管理暂行办法》。

2008年，财政部正式下发《中央财政种植业保险保费补贴管理办法》和《中央财政养殖业保险保费补贴管理办法》，确立了中央财政农业保险保费补贴工作的具体内容和程序。2008—2012年，中央财政与补贴地区的地方财政共同对特定农作物的种植业保险业务和特定品种的养殖业保险业务提供保费补贴，我国农业保险取得了快速发展，财政部不断增加保费补贴品种、扩大保费补贴区域、支持提高保障水平。2013年3月1日，我国《农业保险条例》正式施行，标志着我国农业保险事业进入了一个崭新的阶段。

3.我国农业保险的经营原则

《农业保险条例》第三条规定："农业保险实行政府引导、

市场运作、自主自愿和协同推进的原则。省、自治区、直辖市人民政府可以确定适合本地区实际的农业保险经营模式。任何单位和个人不得利用行政权力、职务或者职业便利以及其他方式强迫、限制农民或者农业生产经营组织参加农业保险。”根据《中央财政种植业保险保费补贴管理办法》和《中央财政养殖业保险保费补贴管理办法》的文件精神，“政府引导”是指，财政部、省级及省级以下财政部门（以下简称地方财政部门）通过保费补贴等调控手段，协同农业、水利、气象、宣传等部门，引导和鼓励农户、企业企业、专业合作经济组织参加保险，积极推动保险业务的开展，调动多方力量共同投入，增强农业的抗风险能力。“市场运作”是指，财政投入要与市场经济规律相适应，农业保险业务以经办机构的市场化经营为依托，经办机构要重视业务经营风险，建立风险预警管控机制，积极运用市场化手段防范和化解风险。“自主自愿”是指，农户、企业、专业合作经济组织、经办机构、地方财政部门等有关各方的参与都要坚持自主自愿；在符合国家有关规定的基础上，各省、自治区、直辖市可因地制宜制定相关支持政策；“协同推进”是指，保费补贴政策要同农业信贷、其他支农惠农政策有机结合，以发挥财政政策的综合效应；农业、水利、气象、宣传、地方财政部门等有关各方应对经办机构的承保、查勘、定损、理赔、防灾防损、疾病防治等各项工作给予积极支持。

有学者根据上述规定总结出我国农业保险的经营模式，即“分散决策的公私合作经营模式”。就是说，总体制度上，一方面政府在财政税收和其他方面提供支持，另一方面，政府不准备建立农业保险公司，而是由市场上的商业保险公司、互助合作组织等市场组织来具体经营；具体做法上，要求各省自己制定本省农业保险的制度方案，不仅要确定如何实行公私合作经营（比如，合作对象的选择以及协调管理机制的建立等），还要确定保险保障的范围、标的种类和支持力度等。

4.农业保险的监督管理

国务院保险监督管理机构对农业保险业务实施监督管理。国务院财政、农业、林业、发展改革、税务、民政等有关部门按照各自的职责，负责农业保险推进、管理的相关工作。财政、保险监督管理、国土资源、农业、林业、气象等有关部门、机构应当建立农业保险相关信息的共享机制。

县级以上地方人民政府统一领导、组织、协调本行政区域的农业保险工作，建立健全推进农业保险发展的工作机制。县级以上地方人民政府有关部门按照本级人民政府规定的职责，负责本行政区域农业保险推进、管理的相关工作。

国务院有关部门、机构和地方各级人民政府及其有关部门应当采取多种形式，加强对农业保险的宣传，提高农民和农业生产经营组织的保险意识，组织引导农民和农业生产经营组织积极参加农业保险。

5.保险费补贴

农民或者农业生产经营组织投保的农业保险标的属于财政给予保险费补贴范围的，由财政部门按照规定给予保险费补贴，具体办法由国务院财政部门商国务院农业、林业主管部门和保险监督管理机构制定。国家鼓励地方人民政府采取由地方财政给予保险费补贴等措施，支持发展农业保险。

《2014年国家深化农村改革、支持粮食生产、促进农民增收政策措施》明确："目前，中央财政提供农业保险保费补贴的品种有玉米、水稻、小麦、棉花、马铃薯、油料作物、糖料作物、能繁母猪、奶牛、育肥猪、天然橡胶、森林、青稞、藏系羊、牦牛等，共计15个。对于种植业保险，中央财政对中西部地区补贴40%，对东部地区补贴35%，对新疆生产建设兵团、中央直属垦区、中储粮北方公司、中国农业发展集团公司（以下简称中央单位）补贴65%，省级财政至少补贴25%。对能繁母猪、奶牛、育肥猪保险，中央财政对中西部地区补贴50%，对东部地区补贴40%，对中央单位补贴80%，地方财政至少补贴30%。对于公益林保险，中央财政补贴50%，对大兴安岭林业集团公司补贴90%，地方财政至少补贴40%；对于商品林保险，中央财政补贴30%，对大兴安岭林业集团公司补贴55%，地方财政至少补贴25%。中央财政农业保险保费补贴政策覆盖全国，地方可自主开展相关险种。”

6.大灾风险分散机制

国家建立财政支持的农业保险大灾风险分散机制，具体办法由国务院财政部门会同国务院有关部门制定。国家鼓励地方人民政府建立地方财政支持的农业保险大灾风险分散机制。

7.支持措施

保险机构经营农业保险业务依法享受税收优惠。国家支持保险机构建立适应农业保险业务发展需要的基层服务体系。国家鼓励金融机构对投保农业保险的农民和农业生产经营组织加大信贷支持力度。

（二）农业保险合同

1.农业保险合同的概念

农业保险合同，是指投保人与保险人约定保险权利义务关系的协议。投保人是指与保险人订立保险合同，并按照合同约定负有支付保险费义务的人。保险人是指与投保人订立保险合同，并按照合同约定承担赔偿或者给付保险金责任的保险公司。

《农业保险条例》中对农业保险合同未做规定的，参照适用

《中华人民共和国保险法》中保险合同的有关规定。

2.农业保险合同的订立

订立农业保险合同，应当协商一致，遵循公平原则确定各方的权利和义务。除法律、行政法规规定必须保险者，保险合同自愿订立。

农业保险可以由农民、农业生产经营组织自行投保，也可以由农业生产经营组织、村民委员会等单位组织农民投保。由农业生产经营组织、村民委员会等单位组织农民投保的，保险机构应当在订立农业保险合同时，制定投保清单，详细列明被保险人的投保信息，并由被保险人签字确认。保险机构应当将承保情况予以公示。

3.农业保险合同的成立与生效

投保人提出保险要求，经保险人同意承保，保险合同成立。保险人应当及时向投保人签发保险单或者其他保险凭证。保险单或者其他保险凭证应当载明当事人双方约定的合同内容。当事人也可以约定采用其他书面形式载明合同内容。保险合同成立后，投保人按照约定交付保险费，保险人按照约定的时间开始承担保险责任。

依法成立的保险合同，自成立时生效。投保人和保险人可以对合同的效力约定附条件或者附期限。

4.农业保险合同的内容

农业保险合同应当包括下列事项：(1) 保险人的名称和住所；(2) 投保人、被保险人的姓名或者名称、住所；(3) 保险标的；(4) 保险责任和责任免除；(5) 保险期间和保险责任开始时间；(6) 保险金额；(7) 保险费以及支付办法；(8) 保险金赔偿或者给付办法；(9) 违约责任和争议处理；(10) 订立合同的年、月、日。投保人和保险人可以约定与保险有关的其他事项。

5.农业保险合同的变更与解除

除了法律另有规定或者保险合同另有约定，保险合同成立后，投保人可以解除合同，保险人不得解除合同。在农业保险合同有效期内，合同当事人不得因保险标的的危险程度发生变化增加保险费或者解除农业保险合同。

6.保险责任的承担

保险机构接到发生保险事故的通知后，应当及时进行现场查勘，会同被保险人核定保险标的的受损情况。由农业生产经营组织、村民委员会等单位组织农民投保的，保险机构应当将查勘定损结果予以公示。保险机构按照农业保险合同约定，可以采取抽样方式或者其他方式核定保险标的的损失程度。采用抽样方式核定损失程度的，应当符合有关部门规定的抽样技术规范。

法律、行政法规对受损的农业保险标的的处理有规定的，理赔时应当取得受损保险标的已依法处理的证据或者证明材料。保险机构不得主张对受损的保险标的残余价值的权利，农业保险合同另有约定的除外。

保险机构应当在与被保险人达成赔偿协议后10日内，将应赔偿的保险金支付给被保险人。农业保险合同对赔偿保险金的期限有约定的，保险机构应当按照约定履行赔偿保险金义务。保险机构应当按照农业保险合同约定，根据核定的保险标的的损失程度足额支付应赔偿的保险金。任何单位和个人不得非法干预保险机构履行赔偿保险金的义务，不得限制被保险人取得保险金的权利。农业生产经营组织、村民委员会等单位组织农民投保的，理赔清单应当由被保险人签字确认，保险机构应当将理赔结果予以公示。

（三）农业保险的经营规则

保险机构经营农业保险业务，实行自主经营、自负盈亏。保险机构经营农业保险业务，应当与其他保险业务分开管理，单独核算损益。根据《农业保险条例》第二十五条规定："本条例对农业保险经营规则未作规定的，适用《中华人民共和国保险法》中保险经营规则及监督管理的有关规定。"

1.保险机构经营农业保险业务的条件

保险机构经营农业保险业务，应当符合下列条件，并经国务院保险监督管理机构依法批准：（1）有完善的基层服务网络；（2）有专门的农业保险经营部门并配备相应的专业人员；（3）有完善的农业保险内控制度；（4）有稳健的农业再保险和大灾风险安排以及风险应对预案；（5）偿付能力符合国务院保险监督管理机构的规定；（6）国务院保险监督管理机构规定的其他条件。未经依法批准，任何单位和个人不得经营农业保险业务。

2.农业保险条款和保险费率的拟订

保险机构应当公平、合理地拟订农业保险条款和保险费率。属于财政给予保险费补贴的险种的保险条款和保险费率，保险机构应当在充分听取省、自治区、直辖市人民政府财政、农业、林业部门和农民代表意见的基础上拟订。农业保险条款和保险费率应当依法报保险监督管理机构审批或者备案。

3.准备金评估和偿付能力报告

保险机构经营农业保险业务的准备金评估和偿付能力报告的编制，应当符合国务院保险监督管理机构的规定。农业保险业务的财务管理和会计核算需要采取特殊原则和方法的，由国务院财政部门制定具体办法。

4.农业保险的委托协助办理

保险机构可以委托基层农业技术推广等机构协助办理农业保险业务。保险机构应当与被委托协助办理农业保险业务的机构签订书面合同，明确双方权利、义务，约定费用支付，并对协助办理农业保险业务的机构进行业务指导。

5.农业保险查勘定损原始资料的保存

保险机构应当按照国务院保险监督管理机构的规定妥善保存农业保险查勘定损的原始资料。禁止任何单位和个人涂改、伪造、隐匿或者违反规定销毁查勘定损的原始资料。

6.保险费补贴的取得和使用

保险费补贴的取得和使用，应当遵守依照国务院财政部门商国务院农业、林业主管部门和保险监督管理机构制定的具体办法的规定。禁止以下列方式或者其他任何方式骗取农业保险的保险费补贴：（1）虚构或者虚增保险标的或者以同一保险标的进行多次投保；（2）以虚假理赔、虚列费用、虚假退保或者截留、挪用保险金、挪用经营费用等方式冲销投保人应缴的保险费或者财政给予的保险费补贴。

（四）法律责任

保险机构未经批准经营农业保险业务的，由保险监督管理机构责令改正，没收违法所得，并处违法所得1倍以上5倍以下的罚款；没有违法所得或者违法所得不足10万元的，处10万元以上50万元以下的罚款；逾期不改正或者造成严重后果的，责令停业整顿或者吊销经营保险业务许可证。

保险机构以外的其他组织或者个人非法经营农业保险业务的，由保险监督管理机构予以取缔，没收违法所得，并处违法所得1倍以上5倍以下的罚款；没有违法所得或者违法所得不足

20万元的，处20万元以上100万元以下的罚款。

保险机构经营农业保险业务，有下列行为之一的，由保险监督管理机构责令改正，处10万元以上50万元以下的罚款；情节严重的，可以限制其业务范围、责令停止接受新业务或者取消经营农业保险业务资格：（1）编制或者提供虚假的报告、报表、文件、资料；（2）拒绝或者妨碍依法监督检查；（3）未按照规定使用经批准或者备案的农业保险条款、保险费率。

保险机构经营农业保险业务，违反《农业保险条例》规定，有下列行为之一的，由保险监督管理机构责令改正，处5万元以上30万元以下的罚款；情节严重的，可以限制其业务范围、责令停止接受新业务或者取消经营农业保险业务资格：（1）未按照规定将农业保险业务与其他保险业务分开管理，单独核算损益；（2）利用开展农业保险业务为其他机构或者个人牟取不正当利益；（3）未按照规定申请批准农业保险条款、保险费率。保险机构经营农业保险业务，未按照规定报送农业保险条款、保险费率备案的，由保险监督管理机构责令限期改正；逾期不改正的，处1万元以上10万元以下的罚款。

保险机构违反《农业保险条例》规定，保险监督管理机构除依照本条例的规定给予处罚外，对其直接负责的主管人员和其他直接责任人员给予警告，并处1万元以上10万元以下的罚款；情节严重的，对取得任职资格或者从业资格的人员撤销其相应资格。

保险机构骗取保险费补贴的，由财政部门依照《财政违法行为处罚处分条例》的有关规定予以处理；构成犯罪的，依法追究刑事责任。

禁止任何单位和个人挪用、截留、侵占保险机构应当赔偿被保险人的保险金。挪用、截留、侵占保险金的，由有关部门依法处理；构成犯罪的，依法追究刑事责任。

保险机构的法律责任，《农业保险条例》未做规定的，适用《中华人民共和国保险法》的有关规定。

（五）种植业保险

种植业是农业的基础，其中的粮食作物更是关系到国计民生，因此种植业保险是农业保险中最重要的业务类别。我国于2007年正式试点中央财政支持的政策性种植业保险，2008年财政部正式下发《中央财政种植业保险保费补贴管理办法》。到目前为止，全国31个省、直辖市和自治区都开展了政策性种植业保险试验，中央财政提供保费补贴的种植业险种的保险标的作物类别为11种，即水稻、玉米、小麦、马铃薯、青稞、棉花、油料作物（大豆、花生、油菜）和糖料作物（甘蔗、甜菜）。除以上中央财政补贴的作物类别，中央财政提供保费补贴的地区（补贴地区）可根据本地财力状况和农业特色，自主选择其他种植业险种予以支持。中央财政补贴险种的保险责任为因人力无法抗拒的自然灾害，包括暴雨、洪水（政府行蓄洪除外）、内涝、风灾、雹灾、冻灾、旱灾、病虫草鼠害等对投保农作物造成的损失。补贴地区可根据本地气象特点从上述选择几种对本地种植业生产影响较大的自然灾害，列入本地补贴险种的保险责任。同时，补贴地区可选择其他灾害作为附加险保险责任予以支持，由此产生的保费，可由地方财政部门提供一定比例的保费补贴。

补贴险种的保障水平按“低保障、广覆盖”的原则确定，以保障农户灾后恢复生产为出发点。保险金额原则上为保险标的生长期内所发生的直接物化成本，包括种子成本、化肥成本、农药成本、灌溉成本、机耕成本和地膜成本。补贴险种的保险费率应根据保险责任、保险标的多年平均损失情况、地区风险水平等因素确定。在2008年，对于补贴险种，在补贴地区省级财政部门补贴25%的保费后，财政部再补贴35%的保费，投保农户的负担为40%（此部分保费可由农户承担，或者由农户与龙头企业、地方财政部门等共同承担，具体比例由补贴地区自主确定）。2009年起，中央财政开始区分中、东、西部实行差异化补贴政策。2013年，在省（自治区、直辖市）级财政至少补贴25%的基础上，中央财政对中西部地区的补贴比例为40%，对东部地区的补贴比例为35%，对新疆生产建设兵团、中央直属垦区、中储粮北方公司、中国农业发展集团有限公司等中央单位的补贴比例为65%。

近年来，地方财政扶持的地方特色种植业保险险种不断扩大，四川、安徽、北京、上海、广东等省（直辖市）不断选择本地区种植面积较大，专业化、规模化程度较高，对保证地区人民生活、增加农户收入具有重要意义特色农业品种，开展地方财政扶持的地方特色种植业保险。

（六）养殖业保险

2008年，财政部下发《中央财政养殖业保险保费补贴管理办法》。中央财政提供保费补贴的养殖业险种的保险标的主要包括能繁母猪和奶牛。在上述补贴险种以外，补贴地区可根据本地财力状况和农业特色，自主选择其他养殖业险种予以支持。补贴地区为中部地区10省（河北、山西、吉林、黑龙江、安徽、江西、河南、湖北、湖南和海南），西部地区12省（自治区、直辖市）（包括内蒙古、广西、重庆、四川、云南、贵州、西藏、陕西、甘肃、青海、宁夏和新疆）、新疆生产建设兵团以及中央直属垦区。补贴险种的保险责任为重大病害、自然灾害和意外事故所导致的投保个体直接死亡。补贴地区可根据本地气象特点，从上述选择几种对本地养殖业生产影响较大的重大病害、自然灾害和意外事故，作为本地补贴险种的保险责任。同时，补贴地区可选择其他重大病害、自然灾害和意外事故作为附加险保险责任予以支持，由此产生的保费，可由地方财政部门提供一定比例的保费补贴。

补贴险种的保险金额参照投保个体的生理价值确定。以此为基础，参照多年发生的平均损失率，测算保险费率。对于补贴险种，在补贴地区（新疆生产建设兵团以及中央直属垦区除外）地方财政部门补贴30%的保费后，中央财政再补贴一定比例的保费。具体保费补贴标准为：能繁母猪保险，财政部补贴50%的保费；奶牛保险，财政部补贴30%的保费。对于新疆生产建设兵团以及中央直属垦区，财政部为能繁母猪保险补贴80%的保费，为奶牛保险补贴60%的保费。此外，对于东部地区9省（直辖市），包括北京、天津、辽宁、上海、江苏、浙江、福建、山东、广东，能繁母猪和奶牛保险由地方财政部门提供一定比例的保费补贴，其保险责任、保障水平和保费补贴比例可参考补贴地区做法确定。同时，东部地区可选择其他养殖业险种予以支持。在符合国家有关文件精神的基础上，地方财政部门的保费补贴比例由省级财政部门根据本地实际情况确定。

近年来，我国政策性养殖业保险保费补贴品种增加了育肥猪、牦牛和藏系羊等，补贴比例也有所调整。对于能繁母猪、奶牛、育肥猪保险，在地方财政至少补贴30%的基础上，中央财政对中西部地区的补贴比例为50%，对东部地区的补贴比例为40%，对中央单位的补贴比例为80%。

显而易见，前述养殖业补贴险种中并不包括水产养殖保险，在我国，水产养殖保险不属于养殖业保险，而属于渔业保险的范畴，是作为渔业保险的一个组成部分开展经营并获得政府支持的。我国的水产养殖保险于2010年在上海和成都两地开始试点，2012年开展水产养殖保险的省份不到10个，保费补贴由地方财政负担，总体规模偏小。为避免重复说明和歧义，本章将在下文涉农保险部分对渔业保险整体情况做一介绍。

（七）涉农保险

从《农业保险条例》第二条分析，农业保险应当是指农业生产领域的财产风险保障，事实上，《农业保险条例》中还提到了涉农保险的概念。根据《农业保险条例》第三十二条的规定，涉农保险是指农业保险以外、为农民在农业生产生活中提供保险保障的保险，包括农房、农机具、渔船等财产保险，涉及农民的生命和身体等方面的短期意外伤害保险；保险机构经营有政策支持的涉农保险，参照适用《农业保险条例》的相关规定。这即是说，农业保险的实际外延超出了生产领域的财产风险保障。根据《农业保险条例》，涉农保险主要包括农房、农机具、渔船等财产保险，涉及农民的生命和身体等方面的短期意外伤害保险，以下分别简述之。需要说明的是，以下关于农民短期意外伤害保险的介绍，主要涉及渔民人身意外伤害保险。

1.渔船和渔民意外伤害保险

渔船、渔民意外伤害保险和上文提到的水产养殖保险同属渔业保险范畴，渔船保险主要承保渔船全损保险和渔船综合保险。目前，我国渔业保险的经营模式主要有两种：其一，由中国渔业互保协会和8个地方协会以社会团体组织身份提供的非营利性互助保险；其二，中国人民财产保险股份有限公司、中国太平洋保险（集团）股份有限公司、上海安信农业保险股份有限公司等商业保险公司在海南、广东、福建、上海等省市以与渔业互助保险组织共保的形式参与的保险。

2008年起，农业部设立专项资金，在沿海7省重点渔区开展渔船全损互助保险和渔民人身平安互助保险保费补贴试点，每年补贴资金总额为1 000万元（此部分补贴来自中央财政，不支持前述水产养殖保险保费），由渔业互保协会具体承担。补贴对象一是20马力以上，证书齐全、有效且具备适航条件的海洋机动渔船；二是海洋捕捞渔民和海洋养殖渔民。对于渔船全损互助保险，中央财政补贴保费的25%；对于渔民人身平安互助保险，中央财政补贴保费的20%，保险金额最高每人10万元。中央财政的上述补贴也带动了地方各级财政对渔业保险发展的支持（前述水产养殖保险的保费支持来自地方财政）。

根据《农业部2014年为农民办实事工作方案》：2014年继续实施政策性渔业互助保险保费补贴试点，提高渔民灾后恢复生产能力和防灾减灾水平，稳定渔区社会，促进平安渔业、和谐渔业建设。利用中央财政安排资金，对渔船渔民参加渔船全损互助保险和渔民人身平安互助保险分别给予20%保费补贴。选择沿海9个省（自治区）的重点渔区为实施区域，积极推动渔业互助保险工作的开展，力争2014年试点区域入保渔船超过14 100艘、渔民超过17 000人。渔船全损互助保险补贴项目试点区域：河北省唐山市，辽宁省大连市，山东省青岛市、日照市，福建省福州市，广东省阳江市、珠海市、汕尾市，广西壮族自治区钦州市，江苏省、海南省全省；渔民人身平安互助保险补贴项目试点区域：浙江省岱山县。

2.农机具保险

因资料有限，关于农机具保险的介绍限于陕西、湖北两省的农机安全互助保险。陕西、湖北两省农机安全协会是在江泰保险经纪公司的支持下，于2009年、2010年相继成立的。陕西省农机安全协会开办的农机保险险种有机身损失互助险、驾驶人作业伤害互助险和拖拉机、收割机第三者互助险。湖北省农机安全协会开办的农机保险险种有机身损失互助险和驾驶人作业伤害互助险。同时，两省兼用（运输型）拖拉机的“交强险”，按照《中华人民共和国道路交通安全法》规定，由互助保险机构统一组织向保险公司投保。

3.农房保险

截至2012年，我国已有超过20个省份开展了农房保险工作，大部分业务是由中国人保财险经营的。根据中国人保财险的数据，农房保险业务的运作特点可以概括为“政府推动、财政补贴、保险公司运营”，业务开办地区根据当地实际情况采取相适应的经营模式。具体来说，主要有福建、广西、湖北的财政补贴全辖统保模式，浙江、广东、江西的财政补贴农户自愿参保模式和西藏的联办共保模式3种。

需要指出的是，党和国家一直高度重视农业保险的发展。2013年中央1号文件提出：加强涉农信贷与保险协作配合，创新符合农村特点的抵（质）押担保方式和融资工具，建立多层次、多形式的农业信用担保体系。扩大林权抵押贷款规模，完善林业贷款贴息政策；健全政策性农业保险制度，完善农业保险保费补贴政策，加大对中西部地区、生产大县农业保险保费补贴力度，适当提高部分险种的保费补贴比例；开展农作物制种、渔业、农机、农房保险和重点国有林区森林保险保费补贴试点；推进建立财政支持的农业保险大灾风险分散机制。支持符合条件的农业产业化龙头企业和各类农业相关企业通过多层次资本市场筹集发展资金。2014年中央1号文件提出：提高中央、省级财政对主要粮食作物保险的保费补贴比例，逐步减少或取消产粮大县县级保费补贴，不断提高稻谷、小麦、玉米三大粮食品种保险的覆盖面和风险保障水平；鼓励保险机构开展特色优势农产品保险，有条件的地方提供保费补贴，中央财政通过以奖代补等方式予以支持；扩大畜产品及森林保险范围和覆盖区域；鼓励开展多种形式的互助合作保险；规范农业保险大灾风险准备金管理，加快建立财政支持的农业保险大灾风险分散机制；探索开办涉农金融领域的贷款保证保险和信用保险等业务。

第五章　家庭农场与农产品质量安全

近年来，我国农产品质量安全问题突出，引起了社会广泛关注。2013年中央1号文件指出："改革和健全食品安全监管体制，加强综合协调联动，落实从田头到餐桌的全程监管责任，加快形成符合国情、科学完善的食品安全体系。健全农产品质量安全和食品安全追溯体系。强化农业生产过程环境监测，严格农业投入品生产经营使用管理，积极开展农业面源污染和畜禽养殖污染防治。支持农产品批发市场食品安全检测室（站）建设，补助检验检测费用。健全基层食品安全工作体系，加大监管机构建设投入，全面提升监管能力和水平。"

2014年中央1号文件指出："强化农产品质量和食品安全监管。建立最严格的覆盖全过程的食品安全监管制度，完善法律法规和标准体系，落实地方政府属地管理和生产经营主体责任。支持标准化生产、重点产品风险监测预警、食品追溯体系建设，加大批发市场质量安全检验检测费用补助力度。加快推进县乡食品、农产品质量安全检测体系和监管能力建设。严格农业投入品管理，大力开展园艺作物标准园、畜禽规模化养殖、水产健康养殖等创建活动。完善农产品质量和食品安全工作考核评价制度，开展示范市、县创建试点。"

农产品质量安全问题频发的原因众多，从农业经营主体的角度看，农户数量众多和小规模经营是制约农产品质量安全的重要因素。根据国家统计局发布的《第二次全国农业普查主要数据公报（第一号）》，2006年年末，全国共有农业生产经营户20 016万户。面对数量如此众多的农业生产经营户，农产品质量安全只能主要依靠产品抽查的方式监管。而且由于农户的小规模经营，农产品质量自身控制也难以实现。

家庭农场是我国农业实现适度经营的必然选择，同时也是针对农产品质量安全问题突出提出的解决之道——农产品质量安全责任主体的重新选择。在我国各地的家庭农场实践中，对农产品质量安全问题非常重视。例如，《安徽省人民政府办公厅关于培育发展家庭农场的意见》确立家庭农场的扶持措施重要一项是引导家庭农场加强农产品质量安全建设。指导帮助家庭农场开展农业投入品经营使用、标准化生产、生产记录档案、农产品自律检测、产品包装标识、合格产品准出、质量安全追溯等工作。鼓励家庭农场在种植业使用绿色防控新技术，在养殖业使用生态养殖新技术，开展种养结合生态建设，促进循环经济发展。鼓励和引导家庭农场申请无公害农产品、绿色食品、有机食品认证和使用农产品地理标志。

本章从家庭农场培育和发展出发，结合目前我国有关农产品质量安全的相关法律法规，着重从农产品质量安全概述、农产品质量安全标准、农产品产地、农产品生产、农产品的包装与标识、农产品质量安全的监督检查、农产品质量安全的法律责任、“三品一标”8个方面展开论述。

一、农产品质量安全概述

（一）农产品质量安全的概念

农产品质量安全，是指农产品质量符合保障人的健康、安全的要求。把握农产品质量安全的概念，首先应当明晰农产品的概念。农产品质量安全中的“农产品”，是指来源于农业的初级产品，即在农业活动中获得的植物、动物、微生物及其产品。

（二）农产品质量安全法

农产品质量安全法，是指调整农产品质量安全的法律规范的总称。家庭农场应当重视农产品质量安全，了解有关农产品质量安全的法律法规。

狭义的农产品质量安全法，是指《中华人民共和国农产品质量安全法》。该法在2006年4月29日颁布，自2006年11月1日起施行。《中华人民共和国农产品质量安全法》的立法目的是为保障农产品质量安全，维护公众健康，促进农业和农村经济发展。

广义的农产品质量安全法，是指所有调整农产品质量安全的法律法规。除了《中华人民共和国农产品质量安全法》，还包括《中华人民共和国食品安全法》、《食品安全法实施条例》、《农药管理条例》、《兽药管理条例》、《饲料和饲料添加剂管理条例》、《农业转基因管理条例》、《无公害农产品管理办法》、《农产品产地安全管理办法》、《农产品包装和标识管理办法》、《农产品地理标识管理办法》、《农产品质量安全监测管理办法》、《绿色食品标志管理办法》等相关规定。此外，全国各地大多都制定了与农产品质量安全和食品安全相关的条例或《中华人民共和国农产品质量安全法》和《中华人民共和国食品安全法》的实施办法。

（三）农产品质量安全的管理

农产品质量安全的管理工作，由县级以上人民政府农业行政主管部门负责。

县级以上人民政府农业行政主管部门负责农产品质量安全

的监督管理工作；县级以上人民政府有关部门按照职责分工，负责农产品质量安全的有关工作。县级以上人民政府应当将农产品质量安全管理工作纳入本级国民经济和社会发展规划，并安排农产品质量安全经费，用于开展农产品质量安全工作。县级以上地方人民政府统一领导、协调本行政区域内的农产品质量安全工作，并采取措施，建立健全农产品质量安全服务体系，提高农产品质量安全水平。

国务院农业行政主管部门应当设立由有关方面专家组成的农产品质量安全风险评估专家委员会，对可能影响农产品质量安全的潜在危害进行风险分析和评估。国务院农业行政主管部门应当根据农产品质量安全风险评估结果采取相应的管理措施，并将农产品质量安全风险评估结果及时通报国务院有关部门。国务院农业行政主管部门和省、自治区、直辖市人民政府农业行政主管部门应当按照职责权限，发布有关农产品质量安全状况信息。

国家引导、推广农产品标准化生产，鼓励和支持生产优质农产品，禁止生产、销售不符合国家规定的农产品质量安全标准的农产品。国家支持农产品质量安全科学技术研究，推行科学的质量安全管理方法，推广先进安全的生产技术。

各级人民政府及有关部门应当加强农产品质量安全知识的宣传，提高公众的农产品质量安全意识，引导农产品生产者、销售者加强质量安全管理，保障农产品消费安全。

二、农产品质量安全标准

农产品质量安全标准，是指农产品应当符合的质量安全的技术规范。农产品质量安全标准是强制性的技术规范。国家建立健全农产品质量安全标准体系。农产品质量安全标准的制定和发布，依照有关法律、行政法规的规定执行。

制定农产品质量安全标准应当充分考虑农产品质量安全风险评估结果，并听取家庭农场、销售者和消费者的意见，保障消费安全。农产品质量安全标准应当根据科学技术发展水平以及农产品质量安全的需要，及时修订。农产品质量安全标准由农业行政主管部门商有关部门组织实施。家庭农场在农产品生产中，应当严格遵守农产品质量安全标准。

三、农产品产地

（一）农产品产地和农产品产地安全

农产品产地，是指植物、动物、微生物及其产品生产的相关区域。农产品产地安全，是指农产品产地的土壤、水体和大气环境质量等符合生产质量安全农产品要求。

县级以上人民政府应当采取措施，加强农产品基地建设，改善农产品的生产条件。县级以上人民政府农业行政主管部门应当采取措施，推进保障农产品质量安全的标准化生产综合示范区、示范农场、养殖小区和无规定动植物疫病区的建设。

（二）农产品产地安全的监督管理

农业部负责全国农产品产地安全的监督管理。县级以上地方人民政府农业行政主管部门负责本行政区域内农产品产地的划分和监督管理。

（三）禁止生产区划定与调整

禁止生产区划定，是指将农产品产地有毒有害物质不符合产地安全标准，并导致农产品中有毒有害物质不符合农产品质量安全标准的，划定为农产品禁止生产区。禁止生产食用农产品的区域可以生产非食用农产品。同时，禁止生产区划定后，不得改变耕地、基本农田的性质，不得降低农用地征地补偿标准。

禁止生产区的划定由县级以上地方人民政府农业行政主管部门提出建议，报省级农业行政主管部门。省级农业行政主管部门应当组织专家论证，并报本级人民政府批准后公布。附具下列材料：（1）产地安全监测结果和农产品检测结果；（2）产地安全监测评价报告，包括产地污染原因分析、产地与农产品污染的相关性分析、评价方法与结论等；（3）专家论证报告；（4）农业生产结构调整及相关处理措施的建议。

县级人民政府农业行政主管部门应当在禁止生产区设置标示牌，载明禁止生产区地点、四至范围、面积、禁止生产的农产品种类、主要污染物种类、批准单位、立牌日期等。家庭农场不得擅自移动和损毁标示牌。

禁止生产区安全状况改善并符合相关标准的，县级以上地方人民政府农业行政主管部门应当及时提出调整建议。禁止生产区的调整依照《农产品产地安全管理办法》第九条的规定执行。禁止生产区调整的，应当变更标示牌内容或者撤除标示牌。

县级以上地方人民政府农业行政主管部门应当及时将本行政区域内农产品禁止生产区划定与调整结果逐级上报农业部备案。

（四）农产品产地保护

农产品产地保护，是指不同农业经营主体（包括家庭农场）所应采取的保护农产品产地的相关措施。

县级以上人民政府农业行政主管部门应当推广清洁生产技术和方法，发展生态农业。县级以上地方人民政府农业行政主管部门应当制定农产品产地污染防治与保护规划，并纳入本地农业和农村经济发展规划。县级以上人民政府农业行政主管部门应当采取生物、化学、工程等措施，对农产品禁止生产区和有毒有害物质不符合产地安全标准的其他农产品生产区域进行修复和治理。县级以上人民政府农业行政主管部门应当采取措施，加强产地污染修复和治理的科学研究、技术推广、宣传培训工作。农业建设项目的环境影响评价文件应当经县级以上人民政府农业行政主管部门依法审核后，报有关部门审批。已经建成的企业或者项目污染农产品产地的，当地人民政府农业行政主管部门应当报请本级人民政府采取措施，减少或消除污染危害。

家庭农场不得在禁止生产区生产、捕捞、采集禁止的食用农产品和建立农产品生产基地；不得向农产品产地排放或者倾倒废气、废水、固体废物或者其他有毒有害物质；不得在农产品产地堆放、贮存、处置工业固体废物。家庭农场在农产品产地周围堆放、贮存、处置工业固体废物的，应当采取有效措施，防止对农产品产地安全造成危害。家庭农场提供或者使用农业用水和用作肥料的城镇垃圾、污泥等固体废物，应当经过无害化处理并符合国家有关标准。

家庭农场应当合理使用肥料、农药、兽药、饲料和饲料添加剂、农用薄膜等农业投入品。禁止使用国家明令禁止、淘汰的或者未经许可的农业投入品。家庭农场应当及时清除、回收农用薄膜、农业投入品包装物等，防止污染农产品产地环境。

四、农产品生产

（一）农产品生产的一般规定

1.农产品生产技术要求和操作规程

家庭农场应当遵守国务院农业行政主管部门和省、自治区、直辖市人民政府农业行政主管部门制定的保障农产品质量安全的生产技术要求和操作规程，并接受县级以上人民政府农业行政主管部门对农产品生产的指导。

2.农业投入品监管

对可能影响农产品质量安全的农药、兽药、饲料和饲料添加剂、肥料、兽医器械，依照有关法律、行政法规的规定实行许可制度。国务院农业行政主管部门和省、自治区、直辖市人民政府农业行政主管部门应当定期对可能危及农产品质量安全的农药、兽药、饲料和饲料添加剂、肥料等农业投入品进行监督抽查，并公布抽查结果。县级以上人民政府农业行政主管部门应当加强对农业投入品使用的管理和指导，建立健全农业投入品的安全使用制度。与农产品生产者（包括家庭农场经营者）相关的农业投入品具体规范将在后文中详细介绍。

3.农产品生产记录

家庭农场登记为个人独资企业、合伙企业和有限责任公司的，应当建立农产品生产记录。即使家庭农场登记为个体工商户，国家也鼓励其建立农产品生产记录。农产品生产记录应当如实记载下列事项：（1）使用农业投入品的名称、来源、用法、用量和使用、停用的日期；（2）动物疫病、植物病虫草害的发生和防治情况；（3）收获、屠宰或者捕捞的日期。农产品生产记录应当保存2年。家庭农场不得伪造农产品生产记录。

4.农产品质量安全检测

家庭农场登记为个人独资企业、合伙企业和有限责任公司的，应当自行或者委托检测机构对农产品质量安全状况进行检测；经检测不符合农产品质量安全标准的农产品，不得销售。

5.农产品生产的社会化服务

家庭农场经营者可以从农业科研教育机构和农业技术推广

机构获得农产品质量安全知识和技能的培训，也可以从其参加的农民专业合作经济组织和农产品行业协会获得生产技术服务，建立农产品质量安全管理制度，健全农产品质量安全控制体系，加强自律管理。

（二）农业转基因生物的生产、加工和经营

所谓农业转基因生物，是指利用基因工程技术改变基因组构成，用于农业生产或者农产品加工的动植物、微生物及其产品，主要包括：（1）转基因动植物（含种子、种畜禽、水产苗种）和微生物；（2）转基因动植物、微生物产品；（3）转基因农产品的直接加工品；（4）含有转基因动植物、微生物或者其产品成分的种子、种畜禽、水产苗种、农药、兽药、肥料和添加剂等产品。（《农业转基因生物安全管理条例》）

1.农业转基因生物的生产、加工

家庭农场生产转基因植物种子、种畜禽、水产苗种，应当取得国务院农业行政主管部门颁发的种子、种畜禽、水产苗种生产许可证。家庭农场申请转基因植物种子、种畜禽、水产苗种生产许可证，除应当符合有关法律、行政法规规定的条件，还应当符合下列条件：（1）取得农业转基因生物安全证书并通过品种审定；（2）在指定的区域种植或者养殖；（3）有相应的安全管理、防范措施；（4）国务院农业行政主管部门规定的其他条件。

家庭农场生产转基因植物种子、种畜禽、水产苗种的，应当建立生产档案，载明生产地点、基因及其来源、转基因的方法以及种子、种畜禽、水产苗种流向等内容。

家庭农场从事农业转基因生物生产、加工的，应当由国务院农业行政主管部门或者省、自治区、直辖市人民政府农业行

政主管部门批准。具体办法由国务院农业行政主管部门制定。

家庭农场从事农业转基因生物生产、加工的，应当按照批准的品种、范围、安全管理要求和相应的技术标准组织生产、加工，并定期向所在地县级人民政府农业行政主管部门提供生产、加工、安全管理情况和产品流向的报告。

农业转基因生物在生产、加工过程中发生基因安全事故时，家庭农场应当立即采取安全补救措施，并向所在地县级人民政府农业行政主管部门报告。家庭农场从事农业转基因生物运输、贮存的，应当采取与农业转基因生物安全等级相适应的安全控制措施，确保农业转基因生物运输、贮存的安全。

2.农业转基因生物的经营

家庭农场经营转基因植物种子、种畜禽、水产苗种的，应当取得国务院农业行政主管部门颁发的种子、种畜禽、水产苗种经营许可证。家庭农场申请转基因植物种子、种畜禽、水产苗种经营许可证，除应当符合有关法律、行政法规规定的条件，还应当符合下列条件：（1）有专门的管理人员和经营档案；（2）有相应的安全管理、防范措施；（3）国务院农业行政主管部门规定的其他条件。

家庭农场经营转基因植物种子、种畜禽、水产苗种的，应当建立经营档案，载明种子、种畜禽、水产苗种的来源、贮存、运输和销售去向等内容。农业转基因生物的广告，应当经国务院农业行政主管部门审查批准后，方可刊登、播放、设置和张贴。

3.农业转基因生物的生产、加工和经营的法律责任

家庭农场未经批准生产、加工农业转基因生物或者未按照批准的品种、范围、安全管理要求和技术标准生产、加工的，由国务院农业行政主管部门或者省、自治区、直辖市人民政府农业行政主管部门依据职权，责令停止生产或者加工，没收违法生产或者加工的产品及违法所得；违法所得10万元以上的，并处违法所得1倍以上5倍以下的罚款；没有违法所得或者违法所得不足10万元的，并处10万元以上20万元以下的罚款。

家庭农场生产或经营转基因植物种子、种畜禽、水产苗种的生产、经营单位和个人，未按照规定制作、保存生产、经营档案的，由县级以上人民政府农业行政主管部门依据职权，责令改正，处1 000元以上1万元以下的罚款。

（三）农业投入品的相关法律规定

家庭农场应当按照法律、行政法规和国务院农业行政主管部门的规定，合理使用农业投入品，严格执行农业投入品使用安全间隔期或者休药期的规定，防止危及农产品质量安全。家庭农场不得在农产品生产过程中使用国家明令禁止使用的农业投入品。

1.肥料

肥料，是指用于提供、保持或改善植物营养和土壤物理、化学性能以及生物活性，能提高农产品产量，或改善农产品品质，或增强植物抗逆性的有机、无机、微生物及其混合物料。家庭农场在农产品生产过程中，应当严格依照肥料产品登记的规定，选择符合肥料产品包装要求的肥料。

根据《肥料登记管理办法》第五条规定："实行肥料产品登记管理制度，未经登记的肥料产品不得进口、生产、销售和使用，不得进行广告宣传。"肥料登记分为临时登记和正式登记两个阶段：①临时登记：经田间试验后，需要进行田间示范试验、试销的肥料产品，生产者应当申请临时登记。②正式登记：经田间示范试验、试销可以作为正式商品流通的肥料产品，生产者应当申请正式登记。肥料临时登记证有效期为1年。肥料正式登记证有效期为5年。

肥料产品不予登记的情形包括：①没有生产国使用证明（登记注册）的国外产品；②不符合国家产业政策的产品；③知识产权有争议的产品；④不符合国家有关安全、卫生、环保等国家或行业标准要求的产品。

肥料产品免于登记，是指对经农田长期使用，有国家或行业标准的肥料产品免予登记，主要包括：硫酸铵、尿素、硝酸铵、氰氨化钙、磷酸铵（磷酸一铵、二铵）、硝酸磷肥、过磷酸钙、氯化钾、硫酸钾、硝酸钾、氯化铵、碳酸氢铵、钙镁磷肥、磷酸二氢钾、单一微量元素肥、高浓度复合肥。

肥料产品包装应有标签、说明书和产品质量检验合格证。标签和使用说明书应当使用中文，并符合下列要求：①标明产品名称、生产企业名称和地址；②标明肥料登记证号、产品标准号、有效成分名称和含量、净重、生产日期及质量保证期；③标明产品适用作物、适用区域、使用方法和注意事项；④产品名称和推荐适用作物、区域应与登记批准的一致，禁止擅自修改经过登记批准的标签内容。

2.农药

农药，是指用于预防、消灭或者控制危害农业、林业的病、虫、草和其他有害生物以及有目的地调节植物、昆虫生长的化学合成或者来源于生物、其他天然物质的一种物质或者几种物质的混合物及其制剂。农药包括以下用于不同目的、场所的种类：①预防、消灭或者控制危害农业、林业的病、虫（包括昆虫、蜱、螨）、草和鼠、软体动物等有害生物的，是指农、林、牧、渔业中的种植业用于防治植物病、虫（包括昆虫、蜱、螨）、草和鼠、软体动物等有害生物的；②预防、消灭或者控制仓储病、虫、鼠和其他有害生物的；③调节植物、昆虫生长的，是指对植物生长发育（包括萌发、生长、开花、受精、坐果、成熟及脱落等过程）具有抑制、刺激和促进等作用的生物或者化学制剂，通过提供植物养分促进植物生长的适用其他规定；④用于农业、林业产品防腐或者保鲜的；⑤预防、消灭或者控制蚊、蝇、蜚蠊、鼠和其他有害生物的，是指用于防治人生活环境和农林业中养殖业用于防治动物生活环境卫生害虫的；⑥预防、消灭或者控制危害河流堤坝、铁路、机场、建筑物和其他场所的有害生物的。此外，利用基因工程技术引入抗病、虫、草害的外源基因改变基因组构成的农业生物、有害生物的商业化天敌生物、农药与肥料等物质的混合物适用关于农药的法律规定。

家庭农场应当从具备农药经营资质的单位购买经过农药登记的农药，并在农业生产中严格按照法律规定使用农药，禁止使用假农药和劣质农药，否则应当承担相应法律责任。

国家实行农药登记制度。生产（包括原药生产、制剂加工和分装，下同）农药和进口农药，必须进行登记。农药登记证和农药临时登记证应当规定登记有效期限；登记有效期限届满，需要继续生产或者继续向中国出售农药产品的，应当在登记有效期限届满前申请续展登记。国务院农业行政主管部门负责全国的农药登记工作。农业部定期发布农药登记公告。

农药经营单位应当具备下列条件和有关法律、行政法规规定的条件，并依法向工商行政管理机关申请领取营业执照后，方可经营农药：①有与其经营的农药相适应的技术人员；②有与其经营的农药相适应的营业场所、设备、仓储设施、安全防护措施和环境污染防治设施、措施；③有与其经营的农药相适应的规章制度；④有与其经营的农药相适应的质量管理制度和管理手段。

可以经营农药的单位主要包括：①供销合作社的农业生产资料经营单位；②植物保护站；③土壤肥料站；④农业、林业技术推广机构；⑤森林病虫害防治机构；⑥农药生产企业；⑦国务院规定的其他经营单位。经营的农药属于化学危险物品的，应当按照国家有关规定办理经营许可证。此外，农垦系统的农业生产资料经营单位、农业技术推广单位，按照直供的原则，可以经营农药；粮食系统的储运贸易公司、仓储公司等专门供应粮库、粮站所需农药的经营单位，可以经营储粮用农药。日用百货、日用杂品、超级市场或者专门商店可以经营家庭用防治卫生害虫和衣料害虫的杀虫剂。

农药经营单位不得经营下列农药：①无农药登记证或者农药临时登记证、无农药生产许可证或者生产批准文件、无产品质量标准的国产农药；②无农药登记证或者农药临时登记证的进口农药；③无产品质量合格证和检验不合格的农药；④过期而无使用效能的农药；⑤没有标签或者标签残缺不清的农药；⑥撤销登记的农药。

农药经营单位对所经营农药应当进行或委托进行质量检验。农药经营单位向农民销售农药时，应当提供农药使用技术和安全使用注意事项等服务。

未经登记的农药，禁止刊登、播放、设置、张贴广告。农药广告内容必须与农药登记的内容一致，农药广告经过审查批准后方可发布。农药广告的审查按照《中华人民共和国广告法》和《农药广告审查办法》执行。通过重点媒介发布的农药广告和境外及港、澳、台地区农药产品的广告，可以委托农业部农药检定所负责审查。其他农药广告，可以委托广告主所在地省级农业行政主管部门所属的农药检定机构审查。

使用农药应当遵守农药防毒规程，正确配药、施药，做好废弃物处理和安全防护工作，防止农药污染环境和农药中毒事故。使用农药应当遵守国家有关农药安全、合理使用的规定，按照规定的用药量、用药次数、用药方法和安全间隔期施药，防止污染农副产品。剧毒、高毒农药不得用于防治卫生害虫，不得用于蔬菜、瓜果、茶叶和中草药材。使用农药应当注意保护环境、有益生物和珍稀物种。严禁用农药毒鱼、虾、鸟、兽等。

农药使用者应当确认农药标签清晰，农药登记证号或者农药临时登记证号、农药生产许可证号或者生产批准文件号齐全后，方可使用农药。农药使用者应当严格按照产品标签规定的剂量、防治对象、使用方法、施药适期、注意事项施用农药，不得随意改变。

禁止生产、经营和使用假农药。下列农药为假农药：①以非农药冒充农药或者以此种农药冒充他种农药的；②所含有效成分的种类、名称与产品标签或者说明书上注明的农药有效成分的种类、名称不符的。

禁止生产、经营和使用劣质农药。下列农药为劣质农药：①不符合农药产品质量标准的；②失去使用效能的；③混有导致药害等有害成分的。

家庭农场造成农药中毒、环境污染、药害等事故或者其他经济损失的，应当依法赔偿。家庭农场在储存、运输、使用农药过程中发生重大事故，造成严重后果，构成犯罪的，对直接负责的主管人员和其他直接责任人员，依法追究刑事责任；尚不构成犯罪的，依法给予行政处分。

3.兽药

兽药，是指用于预防、治疗、诊断动物疾病或者有目的地调节动物生理机能的物质（含药物饲料添加剂），主要包括：血清制品、疫苗、诊断制品、微生态制品、中药材、中成药、化学药品、抗生素、生化药品、放射性药品及外用杀虫剂、消毒剂等。兽药包括兽用处方药和兽用非处方药。兽用处方药，是指凭兽医处方方可购买和使用的兽药。兽用非处方药，是指由国务院兽医行政管理部门公布的、不需要凭兽医处方就可以自行购买并按照说明书使用的兽药。

家庭农场应当从具备兽药经营资质的单位购买兽药，并在农业生产中严格按照法律规定使用兽药，禁止使用假兽药和劣兽药，否则应当承担相应法律责任。

兽药经营企业，是指经营兽药的专营企业或者兼营企业。经营兽药的企业，应当具备下列条件：①与所经营的兽药相适应的兽药技术人员；②与所经营的兽药相适应的营业场所、设备、仓库设施；③与所经营的兽药相适应的质量管理机构或者人员；④兽药经营质量管理规范规定的其他经营条件。兽药经营企业应当持有由县级以上地方人民政府兽医行政管理部门颁发的兽药经营许可证。兽药经营许可证应当载明经营范围、经营地点、有效期和法定代表人姓名、住址等事项。兽药经营许可证有效期为 5 年。有效期届满，需要继续经营兽药的，应当在许可证有效期届满前 6 个月到原发证机关申请换发兽药经营许可证。

兽药广告的内容应当与兽药说明书内容相一致，在全国重点媒体发布兽药广告的，应当经国务院兽医行政管理部门审查批准，取得兽药广告审查批准文号。在地方媒体发布兽药广告的，应当经省、自治区、直辖市人民政府兽医行政管理部门审查批准，取得兽药广告审查批准文号；未经批准的，不得发布。

兽药使用单位，应当遵守国务院兽医行政管理部门制定的兽药安全使用规定，并建立用药记录。禁止使用假、劣兽药以及国务院兽医行政管理部门规定禁止使用的药品和其他化合物。禁止使用的药品和其他化合物目录由国务院兽医行政管理部门制定、公布。

有休药期规定的兽药用于食用动物时，饲养者应当向购买者或者屠宰者提供准确、真实的用药记录；购买者或者屠宰者应当确保动物及其产品在用药期、休药期内不被用于食品消费。

禁止在饲料和动物饮用水中添加激素类药品和国务院兽医行政管理部门规定的其他禁用药品。经批准可以在饲料中添加的兽药，应当由兽药生产企业制成药物饲料添加剂后方可添加。禁止将原料药直接添加到饲料及动物饮用水中或者直接饲喂动物。禁止将人用药品用于动物。国务院兽医行政管理部门负责制定、公布在饲料中允许添加的药物饲料添加剂品种目录。

禁止销售含有违禁药物或者兽药残留量超过标准的食用动物产品。兽药残留限量标准和残留检测方法，由国务院兽医行政管理部门制定、发布。

假兽药包括：①以非兽药冒充兽药或者以他种兽药冒充此种兽药的；②兽药所含成分的种类、名称与兽药国家标准不符合的。有下列情形之一的，按照假兽药处理：①国务院兽医行政管理部门规定禁止使用的；②依照《兽药管理条例》规定应当经审查批准而未经审查批准即生产、进口的，或者依照本条例规定应当经抽查检验、审查核对而未经抽查检验、审查核对即销售、进口的；③变质的；④被污染的；⑤所标明的适应证或者功能主治超出规定范围的。

伪劣兽药包括：①成分含量不符合兽药国家标准或者不标明有效成分的；②不标明或者更改有效期或者超过有效期的；

③不标明或者更改产品批号的；④其他不符合兽药国家标准，但不属于假兽药的。

家庭农场未按照国家有关兽药安全使用规定使用兽药的、未建立用药记录或者记录不完整真实的，或者使用禁止使用的药品和其他化合物的，或者将人用药品用于动物的，责令其立即改正，并对饲喂了违禁药物及其他化合物的动物及其产品进行无害化处理；对违法单位处 1 万元以上 5 万元以下罚款；给他人造成损失的，依法承担赔偿责任。

家庭农场销售尚在用药期、休药期内的动物及其产品用于食品消费的，或者销售含有违禁药物和兽药残留超标的动物产品用于食品消费的，责令其对含有违禁药物和兽药残留超标的动物产品进行无害化处理，没收违法所得，并处3万元以上10万元以下罚款；构成犯罪的，依法追究刑事责任；给他人造成损失的，依法承担赔偿责任。

家庭农场未经兽医开具处方购买、使用兽用处方药的，责令其限期改正，没收违法所得，并处 5 万元以下罚款；给他人造成损失的，依法承担赔偿责任。

4.饲料和饲料添加剂

饲料，是指经工业化加工、制作的供动物食用的产品，包括单一饲料、添加剂预混合饲料、浓缩饲料、配合饲料和精料补充料。饲料添加剂，是指在饲料加工、制作、使用过程中添加的少量或者微量物质，包括营养性饲料添加剂和一般饲料添加剂。饲料原料目录和饲料添加剂品种目录由国务院农业行政主管部门制定并公布。

家庭农场应当从具备饲料和饲料添加剂经营资质的单位购买兽药，并在农业生产中严格按照法律规定使用饲料和饲料添加剂，禁止使用对养殖动物、人体健康或者环境有害的饲料、饲料添加剂，否则应当承担相应法律责任。

国家鼓励研制新饲料、新饲料添加剂。研制的新饲料、新饲料添加剂投入生产前，研制者或者生产企业应当向国务院农业行政主管部门提出审定申请。国务院农业行政主管部门依据评审结果决定是否核发新饲料、新饲料添加剂证书。国务院农业行政主管部门核发新饲料、新饲料添加剂证书，应当同时按照职责权限公布该新饲料、新饲料添加剂的产品质量标准。

向中国出口中国境内尚未使用但出口国已经批准生产和使用的饲料、饲料添加剂的，应当委托中国境内代理机构向国务院农业行政主管部门申请登记，国务院农业行政主管部门应当依照新饲料、新饲料添加剂的评审程序组织评审，并决定是否核发饲料、饲料添加剂进口登记证。

饲料、饲料添加剂的包装上应当附具标签。标签应当以中文或者适用符号标明产品名称、原料组成、产品成分分析保证值、净重或者净含量、贮存条件、使用说明、注意事项、生产日期、保质期、生产企业名称以及地址、许可证明文件编号和产品质量标准等。加入药物饲料添加剂的，还应当标明“加入药物饲料添加剂”字样，并标明其通用名称、含量和休药期。乳和乳制品以外的动物源性饲料，还应当标明“本产品不得饲喂反刍动物”字样。

饲料、饲料添加剂经营者应当符合下列条件：①有与经营饲料、饲料添加剂相适应的经营场所和仓储设施；②有具备饲料、饲料添加剂使用、贮存等知识的技术人员；③有必要的产品质量管理和安全管理制度。

饲料、饲料添加剂经营者进货时应当查验产品标签、产品质量检验合格证和相应的许可证明文件。饲料、饲料添加剂经营者不得对饲料、饲料添加剂进行拆包、分装，不得对饲料、饲料添加剂进行再加工或者添加任何物质。禁止经营国务院农业行政主管部门公布的饲料原料目录、饲料添加剂品种目录和药物饲料添加剂品种目录以外的任何物质生产的饲料。饲料、饲料添加剂经营者应当建立产品购销台账，如实记录购销产品的名称、许可证明文件编号、规格、数量、保质期、生产企业名称或者供货者名称及其联系方式、购销时间等。购销台账保存期限不得少于2年。

向中国出口的饲料、饲料添加剂应当包装，包装应当符合中国有关安全、卫生的规定，并附具符合规定的标签。向中国出口的饲料、饲料添加剂应当符合中国有关检验检疫的要求，由出入境检验检疫机构依法实施检验检疫，并对其包装和标签进行核查。包装和标签不符合要求的，不得入境。境外企业不得直接在中国销售饲料、饲料添加剂。境外企业在中国销售饲料、饲料添加剂的，应当依法在中国境内设立销售机构或者委托符合条件的中国境内代理机构销售。

禁止经营未取得新饲料、新饲料添加剂证书的新饲料、新饲料添加剂以及禁用的饲料、饲料添加剂。禁止经营无产品标签、无生产许可证、无产品质量标准、无产品质量检验合格证的饲料、饲料添加剂。禁止经营无产品批准文号的饲料添加剂、添加剂预混合饲料。禁止使用未取得饲料、饲料添加剂进口登记证的进口饲料、进口饲料添加剂。禁止对饲料、饲料添加剂做具有预防或者治疗动物疾病作用的说明或者宣传。但是，饲料中添加药物饲料添加剂的，可以对所添加的药物饲料添加剂的作用加以说明。

养殖者应当按照产品使用说明和注意事项使用饲料。在饲料或者动物饮用水中添加饲料添加剂的，应当符合饲料添加剂使用说明和注意事项的要求，遵守国务院农业行政主管部门制定的《饲料添加剂安全使用规范》。养殖者使用自行配制的饲料的，应当遵守国务院农业行政主管部门制定的自行配制饲料使用规范，并不得对外提供自行配制的饲料。使用限制使用的物质养殖动物的，应当遵守国务院农业行政主管部门的限制性规定。禁止在饲料、动物饮用水中添加国务院农业行政主管部门公布禁用的物质以及对人体具有直接或者潜在危害的其他物质，或者直接使用上述物质养殖动物。禁止在反刍动物饲料中添加乳和乳制品以外的动物源性成分。

饲料、饲料添加剂在使用过程中被证实对养殖动物、人体健康或者环境有害的，由国务院农业行政主管部门决定禁用并予以公布。养殖者发现其使用的饲料、饲料添加剂对养殖动物、人体健康有害或者存在其他安全隐患的，应当立即停止使用，通知供货者，并向饲料管理部门报告。

禁止使用未取得新饲料、新饲料添加剂证书的新饲料、新饲料添加剂以及禁用的饲料、饲料添加剂。禁止使用无产品标签、无生产许可证、无产品质量标准、无产品质量检验合格证的饲料、饲料添加剂。禁止使用无产品批准文号的饲料添加剂、添加剂预混合饲料。禁止使用未取得饲料、饲料添加剂进口登记证的进口饲料、进口饲料添加剂。

养殖者有下列行为之一的，由县级人民政府饲料管理部门没收违法使用的产品和非法添加物质，对单位处1万元以上5万元以下罚款，对个人处5 000元以下罚款；构成犯罪的，依法追究刑事责任：①使用未取得新饲料、新饲料添加剂证书的新饲料、新饲料添加剂或者未取得饲料、饲料添加剂进口登记证的进口饲料、进口饲料添加剂的；②使用无产品标签、无生产许可证、无产品质量标准、无产品质量检验合格证的饲料、饲料添加剂的；③使用无产品批准文号的饲料添加剂、添加剂预混合饲料的；④在饲料或者动物饮用水中添加饲料添加剂，不遵守国务院农业行政主管部门制定的《饲料添加剂安全使用规范》的；⑤使用自行配制的饲料，不遵守国务院农业行政主管部门制定的自行配制饲料使用规范的；⑥使用限制使用的物质养殖动物，不遵守国务院农业行政主管部门的限制性规定的；⑦在反刍动物饲料中添加乳和乳制品以外的动物源性成分的。在饲料或者动物饮用水中添加国务院农业行政主管部门公布禁用的物质以及对人体具有直接或者潜在危害的其他物质，或者直接使用上述物质养殖动物的，由县级以上地方人民政府饲料管理部门责令其对饲喂了违禁物质的动物进行无害化处理，处3万元以上10万元以下罚款；构成犯罪的，依法追究刑事责任。

养殖者对外提供自行配制的饲料的，由县级人民政府饲料管理部门责令改正，处2 000元以上2万元以下罚款。

五、农产品包装和标识

根据《中华人民共和国农产品质量安全法》第二十八条规定："农产品生产企业、农民专业合作经济组织以及从事农产品收购的单位或者个人销售的农产品，按照规定应当包装或者附加标识的，须经包装或者附加标识后方可销售。包装物或者标识上应当按照规定标明产品的品名、产地、生产者、生产日期、保质期、产品质量等级等内容；使用添加剂的，还应当按照规定标明添加剂的名称。具体办法由国务院农业行政主管部门制定。"

从本条规定看，如果家庭农场登记为个体工商户的，则不符合该条对农产品包装和标识主体的规定；如果家庭农场登记为个人独资企业、合伙企业和有限责任公司的，应当包装或者附加标识的，须经包装或者附加标识后方可销售。包装物或者标识上应当按照规定标明产品的品名、产地、生产者、生产日期、保质期、产品质量等级等内容；使用添加剂的，还应当按照规定标明添加剂的名称。

（一）农产品包装

农产品包装，是指对农产品实施装箱、装盒、装袋、包裹、捆扎等。家庭农场用于销售的下列农产品必须包装：(1)获得无公害农产品、绿色食品、有机农产品等认证的农产品，但鲜活畜、禽、水产品除外。(2) 省级以上人民政府农业行政主管部门规定的其他需要包装销售的农产品。符合规定包装的农产品拆包后直接向消费者销售的，可以不再另行包装。农产品包装应当符合农产品储藏、运输、销售及保障安全的要求，便于拆卸和搬运。

包装农产品的材料和使用的保鲜剂、防腐剂、添加剂等物质必须符合国家强制性技术规范要求。包装农产品应当防止机械损伤和二次污染。保鲜剂，是指保持农产品新鲜品质，减少流通损失，延长贮存时间的人工合成化学物质或者天然物质。防腐剂，是指防止农产品腐烂变质的人工合成化学物质或者天然物质。添加剂，是指为改善农产品品质和色、香、味以及加工性能加入的人工合成化学物质或者天然物质。

（二）农产品标识

1.农产品标识的一般规定

农产品标识，是指农产品生产企业、农民专业合作经济组织以及从事农产品收购的单位或者个人包装销售的农产品，应当在包装物上标注或者附加标识标明品名、产地、生产者或者销售者名称、生产日期。不同农产品的生产日期规定有所不同：植物产品是指收获日期；畜禽产品是指屠宰或者产出日期；水产品是指起捕日期；其他产品是指包装或者销售时的日期。农产品标识所用文字应当使用规范的中文。标识标注的内容应当准确、清晰、显著。

农产品标识中有分级标准或者使用添加剂的，还应当标明产品质量等级或者添加剂名称。未包装的农产品，应当采取附加标签、标识牌、标识带、说明书等形式标明农产品的品名、生产地、生产者或者销售者名称等内容。

农产品标识属于法律强制性规定，家庭农场必须依法在农产品的包装物上进行标注或者附加标识。此外，某些特殊农产品应当依法进行特殊的标注或者附加标识，主要包括两类：一是动物检疫合格标志，依法需要实施检疫的动植物及其产品，应当附具检疫合格标志、检疫合格证明。二是农业转基因生物标识，属于农业转基因生物的农产品，应当按照农业转基因生物安全管理的有关规定进行标识。

需要注意的是，某些农产品标识的是由家庭农场自主申请的，经过依法审核方可使用。根据相关法律规定，家庭农场自主申请的农产品标识主要是指“三品一标”的标志，即无公害农产品标志、绿色食品标志、有机农产品标志和农产品地理标志。根据《农产品包装和标识管理办法》第十二条规定：“销售获得无公害农产品、绿色食品、有机农产品等质量标志使用权的农产品，应当标注相应标志和发证机构。禁止冒用无公害农产品、绿色食品、有机农产品等质量标志。”“三品一标”的相关问题将在后文中详加论述。

2.动物检疫合格标志

动物卫生监督机构依照《中华人民共和国动物防疫法》、

《动物检疫管理办法》和国务院兽医主管部门的规定，对动物、动物产品实施检疫，出具检疫证明，加施检疫标志。动物卫生监督机构的官方兽医具体实施动物、动物产品检疫。官方兽医，是指具备规定的资格条件并经兽医主管部门任命的，负责出具检疫等证明的国家兽医工作人员。官方兽医应当具备规定的资格条件，取得国务院兽医主管部门颁发的资格证书。动物卫生监督机构可以根据检疫工作需要，指定兽医专业人员协助官方兽医实施动物检疫。

《2014年国家深化农村改革、支持粮食生产、促进农民增收政策措施》明确对动物防疫进行补贴。我国动物防疫补助政策主要包括以下4个方面：一是重大动物疫病强制免疫补助政策，国家对高致病性禽流感、口蹄疫、高致病性猪蓝耳病、猪瘟、小反刍兽疫（限西藏、新疆和新疆生产建设兵团）等重大动物疫病实行强制免疫政策；强制免疫疫苗由省级政府组织招标采购，兽医部门逐级免费发放给养殖场（户）；疫苗经费由中央财政和地方财政共同按比例分担，养殖场（户）无需支付强制免疫疫苗费用。二是畜禽疫病扑杀补助政策，国家对高致病性禽流感、口蹄疫、高致病性猪蓝耳病、小反刍兽疫发病动物及同群动物和布鲁氏菌病、结核病阳性奶牛实施强制扑杀；对因重大动物疫病扑杀畜禽给养殖者造成的损失予以补助，补助经费由中央财政和地方财政共同承担。三是基层动物防疫工作补助政策，补助经费主要用于对村级防疫员承担的为畜禽实施强制免疫等基层动物防疫工作经费的劳务补助，2013年中央财政投入7.8亿元补助经费。四是养殖环节病死猪无害化处理补助政策，国家对年出栏生猪50头以上，对养殖环节病死猪进行无害化处理的生猪规模化养殖场（小区），给予每头80元的无害化处理费用补助，补助经费由中央和地方财政共同承担。2014年，中央财政将继续实施动物防疫补助政策。

国家实行动物检疫申报制度。动物卫生监督机构应当根据检疫工作需要，合理设置动物检疫申报点，并向社会公布动物检疫申报点、检疫范围和检疫对象。县级以上人民政府兽医主管部门应当加强动物检疫申报点的建设和管理。申报检疫的，应当提交检疫申报单；跨省、自治区、直辖市调运乳用动物、种用动物及其精液、胚胎、种蛋的，还应当同时提交输入地省、自治区、直辖市动物卫生监督机构批准的《跨省引进乳用种用动物检疫审批表》。申报检疫采取申报点填报、传真、电话等方式申报。采用电话申报的，需在现场补填检疫申报单。动物卫生监督机构受理检疫申报后，应当派出官方兽医到现场或指定地点实施检疫；不予受理的，应当说明理由。

下列动物、动物产品在离开产地前，货主应当按规定时限向所在地动物卫生监督机构申报检疫：①出售、运输动物产品和供屠宰、继续饲养的动物，应当提前3天申报检疫。②出售、运输乳用动物、种用动物及其精液、卵、胚胎、种蛋，以及参加展览、演出和比赛的动物，应当提前15天申报检疫。③向无规定动物疫病区输入相关易感动物、易感动物产品的，货主除按规定向输出地动物卫生监督机构申报检疫，还应当在起运3天前向输入地省级动物卫生监督机构申报检疫。

合法捕获野生动物的，应当在捕获后3天内向捕获地县级动物卫生监督机构申报检疫。

屠宰动物的，应当提前6小时向所在地动物卫生监督机构申报检疫；急宰动物的，可以随时申报。

出售或者运输的动物、动物产品经所在地县级动物卫生监督机构的官方兽医检疫合格，并取得《动物检疫合格证明》后，方可离开产地。

跨省、自治区、直辖市引进用于饲养的非乳用、非种用动物到达目的地后，货主或者承运人应当在24小时内向所在地县级动物卫生监督机构报告，并接受监督检查。

跨省、自治区、直辖市引进的乳用、种用动物到达输入地后，在所在地动物卫生监督机构的监督下，应当在隔离场或饲养场（养殖小区）内的隔离舍进行隔离观察，大中型动物隔离期为45天，小型动物隔离期为30天。经隔离观察合格的方可混群饲养；不合格的，按照有关规定进行处理。隔离观察合格后需继续在省内运输的，货主应当申请更换《动物检疫合格证明》。动物卫生监督机构更换《动物检疫合格证明》不得收费。

县级动物卫生监督机构依法向屠宰场（厂、点）派驻（出）官方兽医实施检疫。屠宰场（厂、点）应当提供与屠宰规模相适应的官方兽医驻场检疫室和检疫操作台等设施。出场（厂、点）的动物产品应当经官方兽医检疫合格，加施检疫标志，并附有《动物检疫合格证明》。

进入屠宰场（厂、点）的动物应当附有《动物检疫合格证明》，并佩戴有农业部规定的畜禽标识。官方兽医应当查验进场动物附具的《动物检疫合格证明》和佩戴的畜禽标识，检查待宰动物健康状况，对疑似染疫的动物进行隔离观察。官方兽医应当按照农业部规定，在动物屠宰过程中实施全流程同步检疫和必要的实验室疫病检测。

经检疫合格的动物产品到达目的地后，需要直接在当地分销的，货主可以向输入地动物卫生监督机构申请换证，换证不得收费。换证应当符合下列条件：①提供原始有效《动物检疫合格证明》，检疫标志完整，且证物相符；②在有关国家标准规定的保质期内，且无腐败变质。

经检疫合格的动物产品到达目的地，贮藏后需继续调运或者分销的，货主可以向输入地动物卫生监督机构重新申报检疫。输入地县级以上动物卫生监督机构对符合下列条件的动物产品，出具《动物检疫合格证明》。①提供原始有效《动物检疫合格证明》，检疫标志完整，且证物相符；②在有关国家标准规定的保质期内，无腐败变质；③有健全的出入库登记记录；④农业部规定进行必要的实验室疫病检测的，检测结果符合要求。

出售或者运输水生动物的亲本、稚体、幼体、受精卵、发眼卵及其他遗传育种材料等水产苗种的，货主应当提前20天向所在地县级动物卫生监督机构申报检疫；经检疫合格，并取得《动物检疫合格证明》后，方可离开产地。

养殖、出售或者运输合法捕获的野生水产苗种的，货主应当在捕获野生水产苗种后2天内向所在地县级动物卫生监督机构申报检疫；经检疫合格，并取得《动物检疫合格证明》后，方可投放养殖场所、出售或者运输。合法捕获的野生水产苗种实施检疫前，货主应当将其隔离在符合下列条件的临时检疫场地：①与其他养殖场所有物理隔离设施；②具有独立的进排水和废水无害化处理设施以及专用渔具；③农业部规定的其他防疫条件。

跨省、自治区、直辖市引进水产苗种到达目的地后，货主或承运人应当在24小时内按照有关规定报告，并接受当地动物卫生监督机构的监督检查。

向无规定动物疫病区运输相关易感动物、动物产品的，除附有输出地动物卫生监督机构出具的《动物检疫合格证明》，还应当向输入地省、自治区、直辖市动物卫生监督机构申报检疫，并依法取得输入地《动物检疫合格证明》。

输入到无规定动物疫病区的相关易感动物，应当在输入地省、自治区、直辖市动物卫生监督机构指定的隔离场所，按照农业部规定的无规定动物疫病区有关检疫要求隔离检疫。大中型动物隔离检疫期为45天，小型动物隔离检疫期为30天。隔离检疫合格的，由输入地省、自治区、直辖市动物卫生监督机构的官方兽医出具《动物检疫合格证明》；不合格的，不准进入，并依法处理。

输入到无规定动物疫病区的相关易感动物产品，应当在输入地省、自治区、直辖市动物卫生监督机构指定的地点，按照农业部规定的无规定动物疫病区有关检疫要求进行检疫。检疫合格的，由输入地省、自治区、直辖市动物卫生监督机构的官方兽医出具《动物检疫合格证明》；不合格的，不准进入，并依法处理。

跨省、自治区、直辖市引进乳用动物、种用动物及其精液、胚胎、种蛋的，货主应当填写《跨省引进乳用种用动物检疫审批表》，向输入地省、自治区、直辖市动物卫生监督机构申请办理审批手续。

输入地省、自治区、直辖市动物卫生监督机构应当自受理申请之日起10个工作日内，做出是否同意引进的决定。符合下列条件的，签发《跨省引进乳用种用动物检疫审批表》；不符合下列条件的，书面告知申请人，并说明理由。①输出和输入饲养场、养殖小区取得《动物防疫条件合格证》；②输入饲养场、养殖小区存栏的动物符合动物健康标准；③输出的乳用、种用动物养殖档案相关记录符合农业部规定；④输出的精液、胚胎、种蛋的供体符合动物健康标准。

货主凭输入地省、自治区、直辖市动物卫生监督机构签发的《跨省引进乳用种用动物检疫审批表》，按照《动物检疫管理办法》规定向输出地县级动物卫生监督机构申报检疫。输出地县级动物卫生监督机构应当按照《动物检疫管理办法》的规定实施检疫。跨省引进乳用种用动物应当在《跨省引进乳用种用动物检疫审批表》有效期内运输。逾期引进的，货主应当重新办理审批手续。

屠宰、经营、运输以及参加展览、演出和比赛的动物，应当附有《动物检疫合格证明》；经营、运输的动物产品应当附有《动物检疫合格证明》和检疫标志。对符合规定的动物、动物产品，动物卫生监督机构可以查验检疫证明、检疫标志，对动物、动物产品进行采样、留验、抽检，但不得重复检疫收费。

经铁路、公路、水路、航空运输依法应当检疫的动物、动物产品，托运人托运时应当提供《动物检疫合格证明》。没有《动物检疫合格证明》的，承运人不得承运。

货主或者承运人应当在装载前和卸载后，对动物、动物产品的运载工具以及饲养用具、装载用具等，按照农业部规定的技术规范进行消毒，并对清除的垫料、粪便、污物等进行无害化处理。

封锁区内的商品蛋、生鲜奶的运输监管按照《重大动物疫情应急条例》实施。

经检疫合格的动物、动物产品应当在规定时间内到达目的地。经检疫合格的动物在运输途中发生疫情，应按有关规定报告并处置。

家庭农场屠宰、经营、运输的动物未附有检疫证明，经营和运输的动物产品未附有检疫证明、检疫标志的，由动物卫生监督机构责令改正，处同类检疫合格动物、动物产品货值金额10%以上50%以下罚款；对家庭农场以外的承运人处运输费用1倍以上3倍以下罚款。家庭农场利用动物参加展览、演出和比赛未附有检疫证明的，由动物卫生监督机构责令改正，处1 000元以上3 000元以下罚款。

3.农业转基因生物标识

《农业转基因生物安全管理条例》第八条规定："国家对农业转基因生物实行标识制度。实施标识管理的农业转基因生物目录，由国务院农业行政主管部门和国务院有关部门制定、调整并公布。"

我国第一批实施标识管理的农业转基因生物目录包括：(1) 大豆种子、大豆、大豆粉、大豆油、豆粕；(2) 玉米种子、玉米、玉米油、玉米粉（含税号为11022000、11031300、11042300的玉米粉）；(3) 油菜种子、油菜籽、油菜籽油、油菜籽粕；(4) 棉花种子；(5) 番茄种子、鲜番茄、番茄酱。

家庭农场在我国境内销售列入农业转基因生物目录的农业转基因生物，应当有明显的标识。列入农业转基因生物目录的农业转基因生物，由生产、分装单位和个人负责标识；未标识的，不得销售。经营单位和个人在进货时，应当对货物和标识进行核对。农业转基因生物标识应当载明产品中含有转基因成分的主要原料名称；有特殊销售范围要求的，还应当载明销售范围，并在指定范围内销售。

家庭农场违反农业转基因生物标识管理规定的，由县级以上人民政府农业行政主管部门依据职权，责令限期改正，可以没收非法销售的产品和违法所得，并可以处1万元以上5万元以下的罚款。

六、农产品质量安全的监督检查

（一）农产品的禁止销售

家庭农场不得销售下列农产品：(1) 含有国家禁止使用的农药、兽药或者其他化学物质的；(2) 农药、兽药等化学物质残留或者含有的重金属等有毒有害物质不符合农产品质量安全标准的；(3) 含有的致病性寄生虫、微生物或者生物毒素不符合农产品质量安全标准的；(4) 使用的保鲜剂、防腐剂、添加剂等材料不符合国家有关强制性的技术规范的；(5) 其他不符合农产品质量安全标准的。

（二）农产品质量安全监测

农产品质量安全监测，包括农产品质量安全风险监测和农产品质量安全监督抽查。农产品质量安全风险监测，是指为了掌握农产品质量安全状况和开展农产品质量安全风险评估，系统和持续地对影响农产品质量安全的有害因素进行检验、分析和评价的活动，包括农产品质量安全例行监测、普查和专项监测等内容。农产品质量安全监督抽查，是指为了监督农产品质量安全，依法对生产中或市场上销售的农产品进行抽样检测的活动。

国家建立农产品质量安全监测制度。县级以上人民政府农业行政主管部门应当按照保障农产品质量安全的要求，制定并组织实施农产品质量安全监测计划，对生产中或者市场上销售的农产品进行监督抽查。监督抽查结果由国务院农业行政主管部门或者省、自治区、直辖市人民政府农业行政主管部门按照权限予以公布。监督抽查检测应当委托符合条件的农产品质量安全检测机构进行，不得向被抽查人收取费用，抽取的样品不得超过国务院农业行政主管部门规定的数量。上级农业行政主管部门监督抽查的农产品，下级农业行政主管部门不得另行重复抽查。

农产品质量安全检测应当充分利用现有的符合条件的检测机构。从事农产品质量安全检测的机构，必须具备相应的检测条件和能力，由省级以上人民政府农业行政主管部门或者其授权的部门考核合格。具体办法由国务院农业行政主管部门制定。农产品质量安全检测机构应当依法经计量认证合格。

家庭农场对监督抽查检测结果有异议的，可以自收到检测结果之日起5日内，向组织实施农产品质量安全监督抽查的农业行政主管部门或者其上级农业行政主管部门申请复检。采用国务院农业行政主管部门会同有关部门认定的快速检测方法进行农产品质量安全监督抽查检测，被抽查人对检测结果有异议的，可以自收到检测结果时起4小时内申请复检。复检不得采用快速检测方法。因检测结果错误给家庭农场造成损害的，依法承担赔偿责任。

农产品批发市场应当设立或者委托农产品质量安全检测机构，对进场销售的农产品质量安全状况进行抽查检测；发现不符合农产品质量安全标准的，应当要求销售者立即停止销售，并向农业行政主管部门报告。农产品销售企业对其销售的农产品，应当建立健全进货检查验收制度；经查验不符合农产品质量安全标准的，不得销售。

（三）农产品质量安全事故的处理

发生农产品质量安全事故时，家庭农场应当采取控制措施，及时向所在地乡级人民政府和县级人民政府农业行政主管部门报告；收到报告的机关应当及时处理并报上一级人民政府和有关部门。发生重大农产品质量安全事故时，农业行政主管部门应当及时通报同级食品药品监督管理部门。

（四）农产品质量安全责任追究制度

县级以上人民政府农业行政主管部门在农产品质量安全监

督管理中，发现家庭农场有禁止销售的农产品，应当按照农产品质量安全责任追究制度的要求，查明责任人，依法予以处理或者提出处理建议。

七、农产品质量安全的法律责任

家庭农场可能承担的农产品质量安全的法律责任包括民事责任、行政责任和刑事责任三类。

（一）农产品质量安全的民事责任

农产品质量安全的民事责任主要包括以下两种情形：

(1) 家庭农场违反法律、法规规定向农产品产地排放或者倾倒废水、废气、固体废物或者其他有毒有害物质的，造成损害的，依法承担赔偿责任。

(2) 家庭农场生产、销售禁止销售的农产品，给消费者造成损害的，依法承担赔偿责任。

（二）农产品质量安全的行政责任

农产品质量安全的行政责任主要包括以下7种情形：

(1) 家庭农场违反法律、法规规定向农产品产地排放或者倾倒废水、废气、固体废物或者其他有毒有害物质的，依照有关环境保护法律、法规的规定处罚。

(2) 家庭农场使用农业投入品违反法律、行政法规和国务院农业行政主管部门的规定的，依照有关法律、行政法规的规定处罚。

(3) 家庭农场未建立或者未按照规定保存农产品生产记录的，或者伪造农产品生产记录的，责令限期改正；逾期不改正的，可以处2 000元以下罚款。

(4) 家庭农场销售的农产品未按照规定进行包装、标识的，责令限期改正；逾期不改正的，可以处2 000元以下罚款。

(5) 家庭农场违反农产品禁止销售规定中使用的保鲜剂、防腐剂、添加剂等材料不符合国家有关强制性的技术规范的，责令停止销售，对被污染的农产品进行无害化处理，对不能进行无害化处理的予以监督销毁；没收违法所得，并处2 000元以上20 000元以下罚款。

(6) 家庭农场销售其他禁止销售的农产品的，责令停止销售，追回已经销售的农产品，对违法销售的农产品进行无害化处理或者予以监督销毁；没收违法所得，并处2 000元以上20 000元以下罚款。

(7) 家庭农场冒用农产品质量标志的，责令改正，没收违法所得，并处2 000元以上20 000元以下罚款。

上述行政责任的承担，除了农产品销售企业和农产品批发市场中销售其他禁止销售的农产品，由工商行政管理部门决定，其他行政责任由县级以上人民政府农业行政主管部门决定。

(三) 农产品质量安全的刑事责任

家庭农场违反《中华人民共和国农产品质量安全法》的规定，构成犯罪的，依法追究刑事责任。

八、“三品一标”

所谓“三品一标”，是无公害农产品、绿色食品、有机农产品和农产品地理标示的统称。“三品一标”是政府主导的安全优质农产品公共品牌，是加强农产品质量安全监管工作的重要举措。对家庭农场的培育和发展而言，是提高家庭农场农产品质量的重要手段，也是提升家庭农场市场竞争力的重要途径。

2012年，农业部开展“三品一标”品牌提升行动。“三品一标”品牌提升行动以“着力强化产品质量监管，不断提升品牌公信力”为主题，通过强化生产控制、提升标准化生产能力，强化认证审核把关、提升认证工作的规范性和有效性，强化证后监管、提升品牌公信力三项推进措施，着力加强“三品一标”监管，切实维护好“三品一标”品牌公信力，充分发挥“三品一标”在推进农业标准化生产、提高农产品质量安全水平、促进农业增效和农民增收的示范带动作用，推动“三品一标”持续健康发展。下文将结合家庭农场培育和发展的需要，就“三品一标”的相关规定加以阐释。

（一）无公害农产品

1.无公害农产品的概念

无公害农产品，是指产地环境、生产过程和产品质量符合国家有关标准和规范的要求，经认证合格获得认证证书并允许使用无公害农产品标志的未经加工或者初加工的食用农产品。无公害农产品管理工作，由政府推动，并实行产地认定和产品认证的工作模式。从事无公害农产品的产地认定的部门和产品认证的机构不得收取费用。检测机构的检测、无公害农产品标志按国家规定收取费用。

2.无公害农产品的产地

无公害农产品产地应当符合下列条件：①产地环境符合无公害农产品产地环境的标准要求；②区域范围明确；③具备一定的生产规模。无公害农产品产地应当树立标示牌，标明范围、产品品种、责任人。

家庭农场申请无公害农产品产地认定的，应当向县级农业行政主管部门提交书面申请，书面申请应当包括以下内容：①申请人的姓名（名称）、地址、电话号码；②产地的区域范围、生产规模；③无公害农产品生产计划；④产地环境说明；⑤无公害农产品质量控制措施；⑥有关专业技术和管理人员的资质证明材料；⑦保证执行无公害农产品标准和规范的声明；⑧其他有关材料。

省级农业行政主管部门根据《无公害农产品管理办法》的规定，负责组织实施本辖区内无公害农产品产地的认定工作。县级农业行政主管部门自收到申请之日起，在10个工作日内完成对申请材料的初审工作。申请材料初审不符合要求的，应当书面通知申请人。申请材料初审符合要求的，县级农业行政主管部门应当逐级将推荐意见和有关材料上报省级农业行政主管部门。

省级农业行政主管部门自收到推荐意见和有关材料之日起，在10个工作日内完成对有关材料的审核工作，符合要求的，组织有关人员对产地环境、区域范围、生产规模、质量控制措施、生产计划等进行现场检查。现场检查不符合要求的，应当书面通知申请人。现场检查符合要求的，应当通知申请人委托具有资质资格的检测机构，对产地环境进行检测。承担产地环境检测任务的机构，根据检测结果出具产地环境检测报告。

省级农业行政主管部门对材料审核、现场检查和产地环境检测结果符合要求的，应当自收到现场检查报告和产地环境检测报告之日起，30个工作日内颁发无公害农产品产地认定证书，并报农业部和国家认证认可监督管理委员会备案。不符合要求的，应当书面通知申请人。

无公害农产品产地认定证书有效期为3年。期满需要继续使用的，应当在有效期满90日前按照《无公害农产品管理办法》规定的无公害农产品产地认定程序，重新办理。

3.无公害农产品的生产管理

家庭农场从事无公害农产品的生产管理应当符合下列条件：（1）生产过程符合无公害农产品生产技术的标准要求；（2）有相应的专业技术和管理人员；（3）有完善的质量控制措施，并有完整的生产和销售记录档案。家庭农场从事无公害农产品生产的，应当严格按规定使用农业投入品。禁止使用国家禁用、淘汰的农业投入品。

4.无公害农产品认证

无公害农产品的认证机构，由国家认证认可监督管理委员会审批，并获得国家认证认可监督管理委员会授权的认可机构的资格认可后，方可从事无公害农产品认证活动。

家庭农场申请无公害产品认证的，应当向认证机构提交书面申请，书面申请应当包括以下内容：①申请人的姓名（名称）、地址、电话号码；②产品品种、产地的区域范围和生产规模；③无公害农产品生产计划；④产地环境说明；⑤无公害农产品质量控制措施；⑥有关专业技术和管理人员的资质证明材料；⑦保证执行无公害农产品标准和规范的声明；⑧无公害农产品产地认定证书；⑨生产过程记录档案；⑩认证机构要求提交的其他材料。

认证机构自收到无公害农产品认证申请之日起，应当在15个工作日内完成对申请材料的审核。材料审核不符合要求的，应当书面通知申请人。符合要求的，认证机构可以根据需要派员对产地环境、区域范围、生产规模、质量控制措施、生产计划、标准和规范的执行情况等进行现场检查。现场检查不符合要求的，应当书面通知申请人。材料审核符合要求的、或者材料审核和现场检查符合要求的（限于需要对现场进行检查时），认证机构应当通知申请人委托具有资质资格的检测机构对产品进行检测。承担产品检测任务的机构，根据检测结果出具产品检测报告。

认证机构对材料审核、现场检查（限于需要对现场进行检查时）和产品检测结果符合要求的，应当在自收到现场检查报告和产品检测报告之日起，30个工作日内颁发无公害农产品认证证书。不符合要求的，应当书面通知申请人。认证机构应当自颁发无公害农产品认证证书后30个工作日内，将其颁发的认证证书副本同时报农业部和国家认证认可监督管理委员会备案，由农业部和国家认证认可监督管理委员会公告。

无公害农产品认证证书有效期为3年。期满需要继续使用的，应当在有效期满90日前按照《无公害农产品管理办法》规定的无公害农产品认证程序，重新办理。在有效期内生产无公害农产品认证证书以外的产品品种的，应当向原无公害农产品认证机构办理认证证书的变更手续。无公害农产品产地认定证书、产品认证证书格式由农业部、国家认证认可监督管理委员会规定。

5. 标志管理

农业部和国家认证认可监督管理委员会制定并发布《无公害农产品标志管理办法》。无公害农产品标志应当在认证的品种、数量等范围内使用。

家庭农场获得无公害农产品认证证书的，可以在证书规定的产品、包装、标签、广告、说明书上使用无公害农产品标志。

6.法律责任

获得无公害农产品产地认定证书的家庭农场，有下列情形之一的，由省级农业行政主管部门予以警告，并责令限期改正；逾期未改正的，撤销其无公害农产品产地认定证书：(1) 无公害农产品产地被污染或者产地环境达不到标准要求的；(2) 无公害农产品产地使用的农业投入品不符合无公害农产品相关标准要求的；(3) 擅自扩大无公害农产品产地范围的。

家庭农场不得伪造、冒用、转让、买卖无公害农产品产地认定证书、产品认证证书和标志。否则，由县级以上农业行政主管部门和各地质量监督检验检疫部门根据各自的职责分工责令其停止，并可处以违法所得1倍以上3倍以下的罚款，但最高罚款不得超过3万元；没有违法所得的，可以处1万元以下的罚款。

获得无公害农产品认证并加贴标志的产品，经检查、检测、鉴定，不符合无公害农产品质量标准要求的，由县级以上农业行政主管部门或者各地质量监督检验检疫部门责令停止使用无公害农产品标志，由认证机构暂停或者撤销认证证书。

（二）绿色食品

1.绿色食品的概念

绿色食品，是指产自优良生态环境、按照绿色食品标准生产、实行全程质量控制并获得绿色食品标志使用权的安全、优质食用农产品及相关产品。

2.绿色食品标志的使用申请

家庭农场申请使用绿色食品标志的产品，应当符合《中华人民共和国食品安全法》和《中华人民共和国农产品质量安全法》等法律法规规定，在国家工商总局商标局核定的范围内，并具备下列条件：(1) 产品或产品原料产地环境符合绿色食品产地环境质量标准；(2) 农药、肥料、饲料、兽药等投入品使用符合绿色食品投入品使用准则；(3) 产品质量符合绿色食品产品质量标准；(4) 包装贮运符合绿色食品包装贮运标准。

家庭农场申请使用绿色食品标志的，应当具备下列条件：(1) 能够独立承担民事责任；(2) 具有绿色食品生产的环境条件和生产技术；(3) 具有完善的质量管理和质量保证体系；(4) 具有与生产规模相适应的生产技术人员和质量控制人员；(5) 具有稳定的生产基地；(6) 申请前3年内无质量安全事故和不良诚信记录。

家庭农场应当向省级工作机构提出申请，并提交下列材料：(1) 标志使用申请书；(2) 资质证明材料；(3) 产品生产技术规程和质量控制规范；(4) 预包装产品包装标签或其设计样张；(5) 中国绿色食品发展中心规定提交的其他证明材料。

3.绿色食品标志使用申请的核准

绿色食品标志使用申请由省级人民政府农业行政主管部门所属绿色食品工作机构（以下简称省级工作机构）负责受理、初审。绿色食品标志使用申请由中国绿色食品发展中心负责审查、颁证。

省级工作机构应当自收到申请之日起10个工作日内完成材料审查。符合要求的，予以受理，并在产品及产品原料生产期内组织有资质的检查员完成现场检查；不符合要求的，不予受理，书面通知申请人并告知理由。

现场检查合格的，省级工作机构应当书面通知申请人，由申请人委托检测机构对申请产品和相应的产地环境进行检测；现场检查不合格的，省级工作机构应当退回申请并书面告知理由。

检测机构接受申请人委托后，应当及时安排现场抽样，并自产品样品抽样之日起20个工作日内、环境样品抽样之日起30个工作日内完成检测工作，出具产品质量检验报告和产地环境监测报告，提交省级工作机构和申请人。检测机构应当对检测结果负责。

省级工作机构应当自收到产品检验报告和产地环境监测报告之日起20个工作日内提出初审意见。初审合格的，将初审意见及相关材料报送中国绿色食品发展中心。初审不合格的，退回申请并书面告知理由。省级工作机构应当对初审结果负责。

中国绿色食品发展中心应当自收到省级工作机构报送的申请材料之日起30个工作日内完成书面审查，并在20个工作日内组织专家评审。必要时，应当进行现场核查。

中国绿色食品发展中心应当根据专家评审的意见，在5个工作日内做出是否颁证的决定。同意颁证的，与申请人签订绿色食品标志使用合同，颁发绿色食品标志使用证书，并公告；不同意颁证的，书面通知申请人并告知理由。

4.绿色食品标志使用证书

绿色食品标志使用证书是家庭农场合法使用绿色食品标志的凭证，应当载明准许使用的产品名称、商标名称、获证单位及其信息编码、核准产量、产品编号、标志使用有效期、颁证机构等内容。绿色食品标志使用证书分中文、英文版本，具有同等效力。绿色食品标志使用证书有效期为3年。

证书有效期满，需要继续使用绿色食品标志的，家庭农场作为标志使用人应当在有效期满3个月前向省级工作机构书面提出续展申请。省级工作机构应当在40个工作日内组织完成相关检查、检测及材料审核。初审合格的，由中国绿色食品发展中心在10个工作日内做出是否准予续展的决定。准予续展的，与家庭农场续签绿色食品标志使用合同，颁发新的绿色食品标志使用证书并公告；不予续展的，书面通知家庭农场并告知理由。

家庭农场逾期未提出续展申请，或者申请续展未获通过的，不得继续使用绿色食品标志。

5.绿色食品标志的使用管理

家庭农场作为标志使用人在证书有效期内享有下列权利：①在获证产品及其包装、标签、说明书上使用绿色食品标志；②在获证产品的广告宣传、展览展销等市场营销活动中使用绿色食品标志；③在农产品生产基地建设、农业标准化生产、产业化经营、农产品市场营销等方面优先享受相关扶持政策。

家庭农场作为标志使用人在证书有效期内应当履行下列义务：①严格执行绿色食品标准，保持绿色食品产地环境和产品质量稳定可靠；②遵守标志使用合同及相关规定，规范使用绿色食品标志；③积极配合县级以上人民政府农业行政主管部门的监督检查及其所属绿色食品工作机构的跟踪检查。

未经中国绿色食品发展中心许可，家庭农场不得使用绿色食品标志。禁止将绿色食品标志用于非许可产品及其经营性活动。

在证书有效期内，家庭农场作为标志使用人的单位名称、产品名称、产品商标等发生变化的，应当经省级工作机构审核后向中国绿色食品发展中心申请办理变更手续。

产地环境、生产技术等条件发生变化，导致产品不再符合绿色食品标准要求的，家庭农场作为标志使用人应当立即停止标志使用，并通过省级工作机构向中国绿色食品发展中心报告。

6.绿色食品标志的监督检查

家庭农场作为标志使用人应当健全和实施产品质量控制体系，对其生产的绿色食品质量和信誉负责。

家庭农场作为标志使用人有下列情形之一的，由中国绿色食品发展中心取消其标志使用权，收回标志使用证书，并予公告：（1）生产环境不符合绿色食品环境质量标准的；（2）产品质量不符合绿色食品产品质量标准的；(3）年度检查不合格的；(4）未遵守标志使用合同约定的；(5）违反规定使用标志和证书的；(6）以欺骗、贿赂等不正当手段取得标志使用权的。标志使用人依法被取消标志使用权的，3年内中国绿色食品发展中心不再受理其申请；情节严重的，永久不再受理其申请。

家庭农场不得伪造、转让绿色食品标志和标志使用证书。

（三）有机农产品

有机农产品主要由《有机食品认证管理办法》进行规范。

1.有机食品的概念

有机食品是指符合以下条件的农产品及其加工产品：(1）符合国家食品卫生标准和有机食品技术规范的要求；(2）在原料生产和产品加工过程中不使用农药、化肥、生长激素、化学添加剂、化学色素和防腐剂等化学物质，不使用基因工程技术；(3）通过有机食品认证机构认证并使用有机食品标志。

2.有机食品生产经营认证管理

家庭农场从事有机食品生产经营的，必须按《有机食品认证管理办法》的规定，并根据其拟从事的有机食品经营活动的种类，向有机食品认证机构申请下列种类的有机食品认证，取得相应的有机食品认证证书：有机食品基地生产认证；有机食品加工认证；有机食品贸易认证。

家庭农场申请有机食品认证的，应向有机食品认证机构提出书面认证申请，并提供营业执照或证明其合法经营的其他资质证明。

家庭农场申请有机食品基地生产认证的，还须提交基地环境质量状况报告及有机食品技术规范中规定的其他相关文件。

家庭农场申请有机食品加工认证的，还须提交加工原料来源为有机食品的证明、产品执行标准、加工工艺（流程、程序）、市（地）级以上环境保护行政主管部门出具的加工企业污染物排放状况和达标证明，及有机食品技术规范中规定的其他相关文件。

家庭农场申请有机食品贸易认证的，还须提交贸易产品来源为有机食品的证明及有机食品技术规范中规定的其他相关文件。

有机食品认证机构应在收到书面认证申请及有关材料后10日内提出是否受理的意见。对不予受理的，应说明理由。

有机食品认证机构应在同意受理之日起的90日内组织完成认证。经认证合格的，由有机食品认证机构根据其申请及认证的有机食品认证种类，颁发有机食品基地生产证书、有机食品加工证书或有机食品贸易证书（以下统称有机食品认证证书）。

有机食品认证证书的格式由有机食品认可委员会统一规定。有机食品认证证书必须在限定的范围内使用。家庭农场不得伪造、涂改、转让有机食品认证证书。

有机食品认证证书有效期为2年。家庭农场在有机食品认证证书有效期届满后需要继续使用认证证书的，必须在期满前1个月内向原有机食品认证机构重新提出申请；其经营的有机食品未获得重新认证的家庭农场，不得继续使用有机食品认证证书。

在有机食品认证证书的有效期内，有下列情形之一的，家庭农场应向原有机食品认证机构办理变更手续：①持证单位或个人发生变更的；②产品类型（规格）变更的；③产品名称变更的；④使用新商标的；⑤有机食品加工原料来源或有机食品贸易产品来源发生变更的。

已获认证的有机食品不符合有机食品认证时的标准和规范要求的，由原有机食品认证机构视情况暂扣或撤销有机食品认证证书。

3.有机食品标志管理

家庭农场取得有机食品认证证书的，可以在其有机食品认证证书规定产品的标签、包装、广告、说明书上使用有机食品标志。

有机食品标志的图形式样由有机食品认可委员会统一规定。使用有机食品标志时，可根据需要等比例放大或缩小，但不得变形、变色。使用有机食品标志时，应在标志图形的下方同时标印该产品的有机食品认证证书号码。

家庭农场从事有机食品生产经营的，应遵守下列规定：①接受有机食品认证机构的监督检查；②认证内容发生变更的，应及时向有机食品认证机构报告变更情况，并办理变更手续；③建立有机食品经营管理制度及生产、加工和贸易的档案；④进行有机食品销售宣传时，必须保证宣传内容的真实性；⑤对本单位从事有机食品业务的工作人员，进行岗位培训。

家庭农场取得有机食品基地生产证书的，应当划定地域范围，标注地理位置，设立保护标志，及时予以公告。

有机食品标志必须在限定的范围内使用。家庭农场不得伪造、涂改、转让有机食品标志。

生产、加工或销售过程中有机食品受到污染或与非有机食品发生混淆时，家庭农场必须及时通报原有机食品认证机构，对该食品停止使用有机食品标志，并不得再作为有机食品生产、加工或销售。

（四）农产品地理标志

1.农产品地理标志的概念

农产品地理标志，是指标示农产品来源于特定地域，产品品质和相关特征主要取决于自然生态环境和历史人文因素，并以地域名称冠名的特有农产品标志。农产品地理标志中的“农产品”，是指来源于农业的初级产品，即在农业活动中获得的植物、动物、微生物及其产品。

2.农产品地理标志的登记

国家对农产品地理标志实行登记制度。经登记的农产品地理标志受法律保护。农产品地理标志登记不收取费用。县级以上人民政府农业行政主管部门应当将农产品地理标志管理经费编入本部门年度预算。

农产品地理标志登记申请的条件包括申请地理标志登记农产品的条件和农产品地理标志登记申请人的条件两个方面：

申请地理标志登记的农产品，应当符合下列条件：①称谓由地理区域名称和农产品通用名称构成；②产品有独特的品质特性或者特定的生产方式；③产品品质和特色主要取决于独特的自然生态环境和人文历史因素；④产品有限定的生产区域范围；⑤产地环境、产品质量符合国家强制性技术规范要求。

农产品地理标志登记申请人为县级以上地方人民政府根据下列条件择优确定的农民专业合作经济组织、行业协会等组织。①具有监督和管理农产品地理标志及其产品的能力；②具有为地理标志农产品生产、加工、营销提供指导服务的能力；③具有独立承担民事责任的能力。

省级人民政府农业行政主管部门负责本行政区域内农产品地理标志登记申请的受理和初审工作。

符合农产品地理标志登记条件的申请人，可以向省级人民政府农业行政主管部门提出登记申请，并提交下列申请材料：①登记申请书；②申请人资质证明；③产品典型特征特性描述和相应产品品质鉴定报告；④产地环境条件、生产技术规范和产品质量安全技术规范；⑤地域范围确定性文件和生产地域分布图；⑥产品实物样品或者样品图片；⑦其他必要的说明性或者证明性材料。

省级人民政府农业行政主管部门自受理农产品地理标志登记申请之日起，应当在45个工作日内完成申请材料的初审和现场核查，并提出初审意见。符合条件的，将申请材料和初审意见报送农业部农产品质量安全中心；不符合条件的，应当在提出初审意见之日起10个工作日内将相关意见和建议通知申请人。

农业部农产品质量安全中心应当自收到申请材料和初审意见之日起20个工作日内，对申请材料进行审查，提出审查意见，并组织专家评审。专家评审工作由农产品地理标志登记专家评审委员会承担。农产品地理标志登记专家评审委员会应当独立做出评审结论，并对评审结论负责。

经专家评审通过的，由农业部农产品质量安全中心代表农业部对社会公示。有关单位和个人有异议的，应当自公示截止日起20日内向农业部农产品质量安全中心提出。

公示无异议的，由农业部做出登记决定并公告，颁发《中华人民共和国农产品地理标志登记证书》，公布登记产品相关技术规范和标准。专家评审没有通过的，由农业部做出不予登记的决定，书面通知申请人，并说明理由。农产品地理标志实行公共标识与地域产品名称相结合的标注制度。

农产品地理标志登记证书长期有效。任何单位和个人不得伪造、冒用农产品地理标志和登记证书。

有下列情形之一的，登记证书持有人应当按照规定程序提出变更申请：①登记证书持有人或者法定代表人发生变化的；②地域范围或者相应自然生态环境发生变化的。

登记的地理标志农产品或登记证书持有人不符合农产品地

理标志登记申请条件的，由农业部注销其地理标志登记证书并对外公告。

3.农产品地理标志的使用

家庭农场虽然不能作为农产品地理标志登记申请人，但是符合下列条件的，可以向登记证书持有人申请使用农产品地理标志：①生产经营的农产品产自登记确定的地域范围；②已取得登记农产品相关的生产经营资质；③能够严格按照规定的质量技术规范组织开展生产经营活动；④具有地理标志农产品市场开发经营能力。家庭农场使用农产品地理标志，应当按照生产经营年度与登记证书持有人签订农产品地理标志使用协议，在协议中载明使用的数量、范围及相关的责任义务。

农产品地理标志登记证书持有人不得向家庭农场收取使用费。

家庭农场作为农产品地理标志使用人享有以下权利：①可以在产品及其包装上使用农产品地理标志；②可以使用登记的农产品地理标志进行宣传和参加展览、展示及展销。

家庭农场作为农产品地理标志使用人应当履行以下义务：①自觉接受登记证书持有人的监督检查；②保证地理标志农产品的品质和信誉；③正确规范地使用农产品地理标志。

家庭农场作为地理标志农产品的生产经营者，应当建立质量控制追溯体系。家庭农场应当对地理标志农产品的质量和信誉负责。

第六章　家庭农场与教育培训

2013年中央1号文件《中共中央、国务院关于加快发展现代农业，进一步增强农村发展活力的若干意见》明确指出："充分利用各类培训资源，加大专业大户、家庭农场经营者培训力度，提高他们的生产技能和经营管理水平。"家庭农场作为适度规模经营的新型农业经营主体，对家庭农场经营者的生产技能和经营管理水平提出了较之农户、专业大户等农业经营主体更高的要求。

如何利用各类培训资源培训家庭农场经营者，是不少地方政府确立的家庭农场扶持政策的一个重要方面。例如，《上海市人民政府办公厅关于本市加快推进家庭农场发展的指导意见》明确建立、扶持发展家庭农场的政策措施之一："完善家庭农场人才培育培训。把家庭农场经营者纳入新型职业农民培训范围，根据从业特点及能力素质要求，科学制定教育培训计划并组织实施，确定培训的主要内容、方式方法、经费投入等。探索建立教育培训制度，制定认定管理办法和扶持政策。充分利用各类培训资源，加大对家庭农场经营者培训力度，提高他们的生产技能和经营管理水平，逐步培养一批有文化、懂技术、善管理、会经营的家庭农场经营者。在选择家庭农场经营者时，坚持本集体经济组织成员优先的原则，鼓励吸引爱农、懂农、务农的本地人士兴办家庭农场。"

本章从政策与法律的角度，梳理与家庭农场教育培训的相关规定，以期对家庭农场经营者的教育培训有一定的促进作用。

一、农业职业教育

（一）农业职业教育概述

《中华人民共和国农业法》第四十八条："国务院和省级人民政府应当制定农业科技、农业教育发展规划，发展农业科技、教育事业。县级以上人民政府应当按照国家有关规定逐步增加农业科技经费和农业教育经费。国家鼓励、吸引企业等社会力量增加农业科技投入，鼓励农民、农业生产经营组织、企业事业单位等依法举办农业科技、教育事业。"与家庭农场相关的农业教育主要是农业职业教育和农业职业培训。

根据《中华人民共和国农业法》的规定，就农业职业教育而言，国务院有关部门按照国家职业资格证书制度的统一规定，开展农业行业的职业分类、职业技能鉴定工作，管理农业行业的职业资格证书。就农业职业培训而言，国家采取措施鼓励农民采用先进的农业技术，支持农民举办各种科技组织，开展农业实用技术培训、农民绿色证书培训和其他就业培训，提高农民的文化技术素质。下文将针对农业行业职业技能鉴定和绿色证书做简要介绍。

（二）农业行业职业技能鉴定

1.农业行业职业技能鉴定概述

农业行业职业技能鉴定，是指对从事农业行业特有职业（工种）的劳动者所应具备的专业知识、技术水平和工作能力进行考核与评价，并对通过者颁发国家统一印制的职业资格证书的评价活动。所谓"农业行业"，包括种植业、畜牧业、兽医、渔业、农机、农垦、乡镇企业、饲料工业、农村能源等行业。

农业行业职业技能鉴定是为适应农业农村经济发展和社会主义新农村建设的需要，进一步规范农业行业职业技能鉴定管理，全面开发农业劳动者的职业技能，提高农村实用人才以及农业技能人才队伍素质而设立的。

农业行业职业技能鉴定实行政府指导下的社会化管理体制。农业行政主管部门负责综合管理，业务机构（指农业部职业技能鉴定指导中心和职业技能鉴定指导站，以下分别简称部鉴定中心和部行业指导站）进行技术指导，执行机构（指农业行业职业技能鉴定站，以下简称鉴定站）组织具体实施。

2.农业行业职业资格证书的概念

农业行业推行国家职业资格证书制度。在涉及农产品质量安全、规范农资市场秩序，以及技术性强、服务质量要求高、关系广大消费者利益和人民生命财产安全的职业（领域），逐步推行就业准入制度。农业部人事劳动司负责职业资格证书的综合管理工作，并行使监督、检查的职能。

职业资格证书是劳动者职业技能水平的凭证，是劳动者就业、从业、任职和劳务输出法律公证的有效证件。农业劳动者可以获得农业行业职业资格证书。

3.职业资格的等级

职业资格分为5个等级，即职业资格五级（初级）、职业资格四级（中级）、职业资格三级（高级）、职业资格二级（技师）、职业资格一级（高级技师）。

4.农业行业职业资格证书的取得

农业劳动者可通过参加职业技能鉴定、业绩评定、职业技能竞赛等方式申请获得农业行业职业资格证书。

参加农业行业职业技能鉴定的人员，应符合农业行业国家职业标准中规定的申报条件。申报参加职业技能鉴定的人员，须向鉴定站提出申请，出具本人身份证、学历证书或其他能证明本人技术水平的证件，填写《职业技能鉴定申报审批表》，凭鉴定站签发的准考证，按规定的时间、方式参加考核或考评。职业技能鉴定分为专业技术知识考试和实际操作技能考核两部分，两项成绩均达到60分以上者，即通过职业技能鉴定，可获得相应等级的职业资格证书。技师、高级技师还应通过专家组评审。

对有重大发明、技术创新、获取专利以及攻克技术难关等的劳动者，经部鉴定中心组织专家评定，可获得或晋升相应等级的职业资格证书。

参加国家级和省级职业技能竞赛分别取得前20名和前10名的人员，以及获得全国技术能手称号的人员，所从事职业设有高一级职业资格的，经农业部人事劳动司审定后可晋升一个职业等级。

5.农业行业职业资格证书的核发

对职业技能鉴定合格者，农业部颁发国家统一印制的职业资格证书。经农业部核准颁发的职业资格证书在全国范围内有效，其他任何鉴定机构不得重复鉴定。职业资格证书核发程序：(1) 鉴定站按照有关规定上报鉴定结果；(2) 部行业指导站对鉴定结果进行初审，报部鉴定中心复核；(3) 部行业指导站按统一要求编号并打印证书；(4) 部鉴定中心受农业部人事劳动司委托核发证书；(5) 鉴定站将证书发放给被鉴定者本人。

6.农业行业职业资格证书的功能

职业资格证书是劳动者求职、任职、开业和上岗的资格凭证，是用人单位招聘、录用劳动者和确定劳动报酬的重要依据，也是境外就业、对外劳务合作人员办理技能水平公证的有效证件。对取得职业资格证书的劳动者，农业系统各类用人单位应优先安排就业、上岗，优先安排生产、经营承包、示范推广及政府补贴项目等。

用人单位招用未取得相应职业资格证书的劳动者，从事实行就业准入制度的职业（工种）工作的，农业行业行政主管部门和当地劳动保障部门应责令限期改正。各级管理部门、用人单位应鼓励获得职业资格证书的劳动者不断提升技能水平，晋升职业资格等级。

7.农业行业职业资格证书的追溯、复核和监查

建立农业行业职业资格证书追溯制度，逐步完善证书查询系统。

推行农业行业职业资格证书复核制度。对实行就业准入制度职业的持证人员，应加强业务培训和业绩考核，每3年由原鉴定站复核一次。鉴定站不得额外收取费用。

推行农业行业职业资格证书监查制度。对涉及农产品质量安全，规范农资市场秩序，以及技术性强、服务质量要求高、关系广大消费者利益和人民生命财产安全的职业的从业人员，要加强职业资格证书监查。

8.农业行业职业资格证书的补发、换发

因遗失、残损以及对外劳务合作等原因需要补发、换发职业资格证书的，证书持有者可向原鉴定站提出申请，并填写《补（换）发农业行业职业资格证书申请表》，按证书核发程序申请补发、换发证书。申请办理、补换发职业资格证书须按照国家有关部门的规定交纳证书工本费。

（三）绿色证书

1.绿色证书和绿色证书制度

绿色证书是指农民达到从事某项农业技术工作应具备的基

本知识和技能要求，经当地政府或行业管理部门认可的从业资格凭证，是农民从业的岗位合格证书。

绿色证书制度是指通过法律、行政、经济等手段，对农民从业的技术资格要求、培训、考核、发证等做出规定，并制定相关的配套政策，作为农民从业和培训的规程，确保提高从业人员的文化科技素质，推动农业和农村经济的发展。

2.绿色证书制度的实施范围、对象

绿色证书制度的实施范围，包括种植、畜牧兽医、水产、农机、农村合作经济管理、农村环保和能源等行业。农业机械驾驶、操作、维修以及农村会计、审计、合同仲裁、渔业船员等岗位实行的培训、考核、发证的有关规定应继续执行，并使之逐步完善；凡从事这些岗位工作的农民，达到农业部规定要求，获得的资格证书可视同专业类“绿色证书”，并具有同等效力；乡镇企业、农垦或其他行业，国家有关部门已有岗位规范或技术等级标准的岗位，仍按有关部门的规定执行。

取得绿色证书的对象，主要是具有初中以上文化程度的乡（镇）、村农业社会化服务体系的人员、村干部、专业户、科技示范户和一些技术性较强岗位的从业农民。

3.绿色证书的技术资格标准

取得绿色证书的农民，必须达到岗位规范规定的标准。农民技术资格岗位规范包括政治思想、职业道德、岗位专业知识、生产技能、工作经历和文化程度等方面的要求。岗位专业知识和技能，是技术资格岗位规范的重要内容。要求绿色证书获得者比较系统地了解本岗位的生产和经营管理的基础知识，每个岗位的专业知识包括3～5门课程，300学时左右；种植业、养殖业等生产周期较长或技术性较强的岗位，至少要通过一个以上本岗位生产周期的实践，掌握本岗位的生产技能并达到一定的熟练程度。

农民技术资格岗位规范分为通用类、专业类和特产类。通用类、专业类由农业部制定指导性岗位规范，各地可据此制定地方性岗位规范；特产类岗位规范由各省、自治区、直辖市及计划单列市农业部门制定。

4.绿色证书的培训

县绿色证书制度工作领导小组统一规划和部署县、乡两级绿色证书培训工作。对少数技术性较强、从业人员分散的岗位，地（市）级以上（含地市级）农业部门可委托有关单位开展培训。

经同级绿色证书制度工作领导小组办公室批准，具备培训条件的乡级以上（含乡级）农业广播电视学校、农业技术推广培训中心、农机化技术学校、农民文化技术学校、农业中专学校、农村职业学校及其他各类农业成人（职业技术）学校可承担培训任务。

承担培训任务的单位，应按照省、自治区、直辖市及计划单列市绿色证书制度工作领导小组及农业部门的统一部署，在县绿色证书制度工作领导小组的领导下，按照统一培训规划、统一教学计划、统一教学大纲、统一培训教材的要求开展培训。

县政府应协调各有关部门，建立一支专兼职相结合的师资队伍，并规定聘请教师的标准，努力提高教师的素质，妥善解决教师的待遇，充分发挥教师一专多能的作用。

申请取得绿色证书的农民，须参加绿色证书培训，通过县级以上（含县级）绿色证书制度工作领导小组办公室或农业部门统一组织的考试（凡农村职业中学毕业生、其他农民中专及农业广播电视学校中专毕业生申请同专业类绿色证书可免于培训和理论考试），并经过本岗位规定期限的实践考核，在生产中起到示范、带头作用，由本人申请，村民委员会推荐，乡（镇）政府审查，报县绿色证书制度工作领导小组办公室审核后，由县政府发给绿色证书。

5.绿色证书的考核与发证

各省、自治区、直辖市及计划单列市农业部门应制定绿色证书的考试、考核、证书发放与登记制度。要建立试题库，逐步做到考试试题标准化。必须严格考试纪律，杜绝各种弄虚作假行为。

绿色证书由农业部统一印制，并制定绿色证书管理办法，各省、自治区、直辖市及计划单列市农业部门根据管理办法负责绿色证书的具体管理工作。

6.绿色证书的功能

取得绿色证书的农民，在发证机关所辖区域范围内具有从事本岗位工作的技术资格。对取得绿色证书的农民要优先安排农业项目承包和贷款，并给予必要的支持。农村基层干部和农业社会化服务体系录用农民技术人员，要逐步做到从获证农民中选拔。实施绿色证书制度工作的县应组织有关部门，根据不同行业和当地实际，制定相应的配套政策和措施，明确持证人员的权利和义务。对不具备国家承认的中等专业技术学校以上毕业学历的农民，应首先取得绿色证书，才能申请评定和晋升农民技术职称。

二、阳光工程

（一）阳光工程的启动

2004年，为落实《2003－2010年全国农民工培训规划》，加强农村劳动力转移培训，加快农村劳动力转移，促进农民增收，农业部、财政部、劳动和社会保障部、教育部、科技部和建设部决定共同组织实施“农村劳动力转移培训阳光工程”，简称“阳光工程”。阳光工程是公共财政支持开展的，以市场需求为导向，以转移到非农领域就业为目标的非农职业技能示范性培训。根据2004年《农村劳动力转移培训阳光工程项目管理办法（试行）》，培训工作坚持“政府推动、学校主办、部门监管、农民受益”的原则。

具体而言，项目实施县面向各类培训单位，公开、公平、公正地进行项目招标，具备《农村劳动力转移培训阳关工程项目管理办法（试行）》规定条件的培训单位向本县的阳光工程办公室提出申请，各县择优确定项目实施单位，并报上级阳光工程办公室备案。培训项目以短期的职业技能培训为重点，辅助开展引导性培训。其中，职业技能培训以定点和定向培训为主，培训重点是家政服务、餐饮、酒店、保健、建筑、制造等用工量大的行业的职业技能。培训项目实行项目法人责任制，培训单位必须建立农村劳动力转移培训台账和转移就业台账。各级阳光工程办公室要加强项目监督检查，保证培训质量和转移就业效果。培训经费实行政府和农民个人共同分担的投入机制，财政安排的专项培训补助资金要直接让农民受益，可以采用培训券方式，也可以通过培训单位降低收费标准的方式来实施。培训项目重点支持粮食主产区、劳动力主要输出地区、贫困地区和革命老区开展农村劳动力转移前的职业技能培训工作。培训项目验收在项目结束后进行，原则上由县阳光工程办公室组织验收，上级阳光工程办公室组织抽验。

在随后的几年间，阳光工程基本是在上述框架内开展实施的。其间，培训规模不断扩大，培训内容不断丰富，培训时间不断延长，中央安排的补助资金也由开始的东部地区人均100～

130元、中部地区人均130～140元、西部地区人均150～160元的标准，提高到2008年的东部地区人均170元、中部地区人均310元、西部地区人均370元的标准。

（二）阳光工程的调整

2008年下半年，国际金融危机的影响不断加深，国内部分企业生产经营遇到困难，就业压力明显增加，加上元旦、春节临近，相当数量的农民工开始集中返乡，给城乡经济和社会发展带来了新情况和新问题。面对经济形势的变化，中共中央、国务院为做好农民工工作，及时做出采取多种措施促进农民工就业、加强农民工技能培训和职业教育、大力支持农民工返乡创业和投身新农村建设、确保农民工工资按时足额发放、做好农民工社会保障和公共服务、切实保障返乡农民工土地承包权益等工作部署。

为落实上述工作部署，2009年，阳光工程积极应对世界经济危机挑战，服务返乡农民工，适应农村劳动力转移就业的新形势，逐步调整培训重点和就业方向，在继续搞好农村劳动力转移就业培训的基础上，增加了农业职业技能、农村发展带头人和农民创业等培训内容，以促进农民就业结构优化、拓宽农民就业增收渠道、强化现代农业发展和新农村建设的人才支撑。2010年，阳光工程项目培训主要围绕着农业农村重大工程项目、促进农民创业、规范和扶持农民专业合作组织发展、农业服务体系发展、农产品加工以及适应各地特色产业发展实际等几个方面开展培训，并围绕提高农民就业适应能力和综合素质开展引导性培训。近年来，阳光工程紧紧围绕农业农村经济发展和广大农民群众的培训需求，在基本保持农业职业技能培训、农业创业培训和农业专项技术培训三方面工作格局不变的前提下，不断调整培训对象和培训内容，补贴标准逐年提高。

（三）阳光工程的总体思路

根据农业部办公厅、财政部办公厅发布的《2013年农村劳动力培训阳光工程项目实施指导意见》，目前阳光工程的总体思路是“紧紧围绕‘两个千方百计、两个努力确保、两个持续提高’总体目标，着力加强务农农民从业技能和综合素质培训，以种养大户、家庭农场、农民专业合作组织、农业社会化服务体系的骨干农民为重点对象，结合‘粮棉油糖高产创建’、‘菜篮子’产品生产、‘病虫害统防统治’、‘农技推广体系改革与建设’等农业项目资源，通过规范实施、有效管理和创新机制，切实增强培训的针对性和实效性，培养一支结构合理、数量充足、素质优良的现代农业生产经营者队伍，为加快发展现代农业和建设新农村提供人才保障和人力资源支撑”。至此，我国阳光工程已不再将农村劳动力的转移作为培训目标，而是旨在提高务农农民的从业技能和综合素质。

（四）阳光工程的培训对象

2013年阳光工程全国安排示范性培训任务316万人，继续按照农业专项技术培训、农业职业技能培训和农业创业培训层次组织实施，各层次分别培训203.54万人、107.97 万人和4.49万人。2013年阳光工程突出为产业发展服务，向培育新型职业农民倾斜，加强与农业项目对接，按照有关农业项目实施方向、重点区域和产业布局规划确定培训对象和分解培训任务。

农业专项技术培训的培训对象主要包括：（1）粮棉油糖高产创建项目实施区骨干农民；（2）“菜篮子”产品生产基地骨干农民；（3）肉牛、肉羊、奶牛、生猪生产大县骨干农牧民；

（4）培训渔业生产大县骨干渔民。

农业职业技能培训的培训对象主要包括：（1）专业合作社骨干社员；（2）培训社会化服务组织从业人员和享受农机购置补贴的农民；（3）结合“美丽乡村”创建开展农民培训。

农业创业培训的培训对象主要包括：（1）结合新型职业农民培育试点开展培训；（2）合作社负责人；（3）农村创业青年。

（五）阳关工程的培训补助

中央财政补助资金根据不同培训层次实行不同的补助标准。农业专项技术培训一般累计不少于2次，按人均150元标准进行测算；农业职业技能培训一般累计培训时间不少于4天，按人均600元标准进行测算；农业创业培训一般累计培训时间不少于14天，按人均3 000元标准进行测算。各地应根据区域差异或培训的实际成本，对参训农民实行差别补助。

《2014年国家深化农村改革、支持粮食生产、促进农民增收政策措施》明确：“2014年，国家将继续组织实施农村劳动力培训阳光工程，以提升综合素质和生产经营技能为主要目标，对务农农民免费开展专项技术培训、职业技能培训和系统培训。阳光工程由各级农业主管部门组织实施，农广校、农技推广机构、农机校、农业职业院校及有条件的培训机构承担具体培训工作。”

根据农业部办公厅发布的《农业部2014年为农民办实事工作方案》，2014年要“推动阳光工程全面转型升级，遴选1～2个省整省推进、一批地级市整市推进和300个新型职业农民培育试点县重点实施新型职业农民培训，农业部、财政部以转移支付方式将培训资金拨付各省财政，由各地农业行政主管部门会同财政部门，结合地方任务和特色将资金拨付项目县和项目承担单位。”

三、农村实用人才培训

（一）农村实用人才培训的开启

2008年5月4日，农业部办公厅发布《2008年农村实用人才创业培训试点实施方案》（以下简称《实施方案》），开启了农村实用人才培训。其目标是通过创业培训，使学员树立创业理念、增强创业意识、掌握创业技巧、提高创业能力，促进学员提高经营水平、扩大经营规模、领办经济合作组织、创办农业企业。

《实施方案》确定了农村实用人才创业培训的基本原则：（1）农民自愿原则；（2）分类办班原则；（3）公平公正原则；（4）突出实效原则。

在培训对象的选择上，创业培训试点县要面向全县项目示范村公开发布创业培训实施内容，广泛开展宣传，按照“公开、公平、公正”的原则，采取自愿报名、村镇推荐、择优选拔的形式公开确定培训对象。培训对象重点从外出务工返乡青年、种养大户、农机大户、农村经济合作组织带头人和有志于农村创业的大、中专毕业生中选取，并应符合以下基本条件：思想素质好、品德端正、遵纪守法、诚信经营；初中以上文化程度，年龄一般不超过50岁；创业意愿强烈，具有与创业项目相适应的产业基础，并能发挥示范带动作用。

《实施方案》确定创业培训主要培训环节有集中培训、市场考察、创业设计、实践学习和创业发展5个环节。集中培训时间不少于20天（120学时以上），主要安排在农闲季节；创业实践和市场考察时间不少于10天。

（二）农村实用人才的认定

2013年7月3日，农业部办公厅发布《农村实用人才认定试点工作方案》（以下简称《工作方案》），明确“农村实用人才认定是农村实用人才队伍建设的一项重要基础性工作，对于增强农村实用人才队伍建设针对性具有非常重要的意义”。

《工作方案》规定试点工作要坚持以下原则：(1) 实事求是，改革创新；(2) 统筹兼顾，突出重点；(3) 围绕产业，以用为本；(4) 统分结合，以县为主。

农村实用人才分为生产型、经营型、技能服务型、技能带动型和社会服务型5类。凡在试点县（市）范围内从业的农村实用人才都在认定范围内，不考虑户籍问题。各试点省（自治区、直辖市）要在充分调研论证的基础上，根据当地产业发展实际，参照《农村实用人才分类与认定标准参考因素》，研究提出农村实用人才的认定标准。认定标准原则上包括技术水平、生产经营规模、经济效益、群众认可度等方面，按高、中、初3个等级分别制定。省级制定相对标准，县级根据相对标准，在省、市指导下结合实际制定具体量化标准。

农村实用人才的认定程序。在个人申报的基础上，所在村委会根据农村实用人才认定分类和标准，提出推荐意见，乡镇原则上按照初、中、高6：3：1的比例提出审核意见，报送县级相关部门认定，高级农村实用人才须报市级部门备案。县级对认定后的初、中、高级农村实用人才相关信息分类纳入信息库；市级汇总形成本市农村实用人才信息库；省级汇总形成本省农村实用人才信息库。

试点省（自治区、直辖市）要对认定的农村实用人才后续管理做出规定，对年审、津补贴、日常认定、等级晋升等后续管理事项予以明确。试点省（自治区、直辖市）要重点研究梳理针对生产型、经营型、技能服务型农村实用人才的优惠和扶持政策，包括创业培训、项目支持、信贷支持、土地利用、税费减免等。

（三）农村实用人才带头人培训

《2014年国家深化农村改革、支持粮食生产、促进农民增收政策措施》明确："2014年继续开展农村实用人才带头人和大学生村官示范培训，增选一批农村实用人才培训基地，依托培训基地举办117期示范培训班，通过专家讲课、参观考察、经验交流等方式，培训8 700名农村基层组织负责人、农民专业合作社负责人和3 000名大学生村官，同时带动各省区市大规模开展培训工作，培养致富带头人和现代农业经营者。继续实施农村实用人才培养'百万中专生计划'，改革完善课程体系，提高办学水平，提升教学质量，全年实现10万人以上的招生规模，提高农村实用人才学历层次。继续开展农村实用人才认定试点，明确农村实用人才的认定标准，探索认定与补贴、项目、资助、土地利用等挂钩的办法，提高认定的'含金量'，构建扶持农民的政策体系。吸引社会力量扶持农村实用人才创业兴业，组织开展第三批'百名农业科教兴村杰出带头人'和第二批'全国杰出农村实用人才项目'评选工作，选拔50名左右优秀农村实用人才，每人给予5万元的资金资助。"

2014年4月16日，中共中央组织部办公厅、农业部办公厅发布《2014年农村实用人才带头人和大学生村官示范培训计划》（以下简称《培训计划》）。2014年，中央组织部、农业部将联合举办117期示范培训班，培训学员11 600名，其中农村实用人才带头人示范培训班87期，大学生村官示范培训班30期。其中农村实用人才带头人示范培训班包括粮食生产大户主题培训班30期、家庭农场主题培训班15期、农民合作社主题培训班15期、农村信息化主题培训班10期、美丽乡村主题培训班16期，专门为西藏自治区举办1期带头人培训班。

《培训计划》中的培训对象主要是村“两委”班子成员、农村各类致富、科技、经营带头人、大学生村官等服务农村基层人员。(1) 农民合作社主题培训班：农民合作社经营管理人员。(2) 家庭农场主题培训班：示范性家庭农场经营者及从事家庭农场管理服务的人员。(3) 粮食生产大户主题培训班：以300～1 000亩经营规模的农户为主，兼顾经营规模较大、示范带动作用较强的大户。(4) 农村信息化主题培训班：兼任农村信息员的村“两委”成员、农民合作社负责人、种养殖大户等带头人。(5) 美丽乡村主题培训班：农业部“美丽乡村”创建试点乡村的村“两委”成员。(6) 大学生村官创业培训班：以在农村工作1年以上的大学生村官为主，兼顾农技推广特岗人员，“三支一扶”支农大学生。参训学员年龄须在60岁以下，已参加过往期示范培训班的学员不再重复选派。

《培训计划》中的培训内容以能力建设为重点，结合培训基地特点和主题内容，设置经验传授、专题讲座、研讨交流和现场观摩4个板块。(1) 经验传授：请优秀农村实用人才带头人面对面传授实际工作经验。(2) 专题讲座：请有关专家讲授包括农业农村政策、农村热点重点问题、创业富民知识、农村社会事业发展等内容，根据不同培训主题有所侧重。(3) 研讨交流：组织学员在培训基地和考察实地分组研讨，交流学习心得。(4) 现场观摩：组织学员实地参观考察，帮助学员开阔眼界、启发思路。

四、新型职业农民培育

2012年中央1号文件《关于加快推进农业科技创新持续增强农产品供给保障能力的若干意见》指出："大力培育新型职业农民，对未升学的农村高初中毕业生免费提供农业技能培训，对符合条件的农村青年务农创业和农民工返乡创业项目给予补助和贷款支持。"2013年中央1号文件突出农业经营体制机制创新，着力完善农业生产关系，进一步强调加强农业职业教育和职业培训。2014年中央1号文件明确指出："加大对新型职业农民和新型农业经营主体领办人的教育培训力度。"

新型职业农民是构建新型农业经营主体的重要组成部分，是发展现代农业、推动城乡一体化发展的重要力量，进一步增强农业农村发展活力关键在于激发农民自身活力。大力培育新型职业农民，有利于农民逐渐淡出身份属性，加快农业发展方式转变，促进传统农业向现代农业转型，加快发展现代农业必须同步推进农民职业化进程。家庭农场经营者可以纳入新型职业农民培育的范围。2012年8月，农业部发布《关于新型职业农民培育试点工作方案》。2013年5月，农业部办公厅发布《关于新型职业农民培育试点工作的指导意见》。

《2014年国家深化农村改革、支持粮食生产、促进农民增收政策措施》明确："2014年，农业部将进一步扩大新型职业农民培育试点工作，使试点县规模达到300个，新增200个试点县，每个县选择2～3个主导产业，重点面向专业大户、家庭农场、农民合作社、农业企业等新型经营主体中的带头人、骨干农民等，围绕主导产业开展从种到收、从生产决策到产品营销的全过程培训，重点探索建立教育培训、认定管理和扶持政策三位一体的制度体系，吸引和培养造就大批高素质农业生产经营者，支撑现代农业发展，确保农业发展后继有人。”根据农业部办公厅发布的《农业部2014年为农民办实事工作方案》，2014年要“培育‘生产经营型、专业技能型和社会服务型’三类协同的新型职业农民100万人。”

下文将结合相关文件，对新型职业农民的相关问题加以阐释。

（一）新型职业农民的概念

新型职业农民，是指以农业为职业、具有一定的专业技能、收入主要来自农业的现代农业从业者。主要包括生产经营型、专业技能型和社会服务型职业农民。

生产经营型职业农民，是指以农业为职业、占有一定的资源、具有一定的专业技能、有一定的资金投入能力、收入主要来自农业的农业劳动力，主要是专业大户、家庭农场主、农民合作社带头人等。

专业技能型职业农民，是指在农民合作社、家庭农场、专业大户、农业企业等新型生产经营主体中较为稳定地从事农业劳动作业，并以此为主要收入来源，具有一定专业技能的农业劳动力，主要是农业工人、农业雇员等。

社会服务型职业农民，是指在社会化服务组织中或个体直接从事农业产前、产中、产后服务，并以此为主要收入来源，具有相应服务能力的农业社会化服务人员，主要是农村信息员、农村经纪人、农机服务人员、统防统治植保员、村级动物防疫员等农业社会化服务人员。

（二）新型职业农民的认定管理

开展新型职业农民认定工作，建立完整的数据库和信息管理系统，有利于统筹培养和稳定新型职业农民队伍，落实支持扶持政策；有利于实施动态管理，开展经常性培训和跟踪服务，帮助其提高生产经营水平，引导其更好地履行责任义务。

1.新型职业农民认定管理的基本原则

新型职业农民认定管理是一项政策性很强的工作，要坚持以下基本原则：一是政府主导原则。由县级以上（含县级）人民政府发布认定管理办法，明确认定管理的职能部门。二是农民自愿原则。充分尊重农民意愿，不得强制和限制符合条件的农民参加认定，主要通过政策和宣传引导，调动农民的积极性。三是动态管理原则。要建立新型职业农民退出机制，对已不再符合条件的，应按规定及程序予以退出，并不再享受相关扶持政策。四是与扶持政策挂钩原则。现有或即将出台的扶持政策必须向经认定的新型职业农民倾斜，并增强政策的吸引力和针对性。

2.新型职业农民认定管理办法的主要内容

认定管理办法中应明确认定条件、认定标准、认定程序、认定主体、承办机构、相关责任，建立动态管理机制。生产经营型职业农民是认定管理的重点，主要依据“五个基本特征”，充分考虑不同产业、不同地域、不同生产力水平等因素，分产业确定认定条件和标准。重点考虑3个因素：一是以农业为职业，主要从职业道德、农业劳动时间和主要收入来源等方面考虑；二是教育培训情况，根据我国国情农情和建设现代农业的要求，应考虑把接受过农业系统培训、农业职业技能鉴定或中等及以上农科教育作为基本认定条件；三是生产经营规模，以家庭成员为主要劳动力且不低于外出务工收入水平确定生产经营规模，并与当地扶持新型生产经营主体确定的生产经营规模相衔接。

（三）新型职业农民教育培训制度

1.建立新型职业农民教育培训制度

以生产经营型职业农民作为重点对象，根据不同类型新型职业农民从业特点及能力素质要求，科学制定教育培训计划并组织实施。要坚持生产经营型分产业、专业技能型按工种、社会服务型按岗位开展农业系统培训或实施农科职业教育，不能代之以一般的普及性培训或简单的“一事一训”。要尊重农民意愿、顺应务农农民的学习规律，采取“就地就近”和“农学结合”等灵活的方式开展教育培训。要围绕增强教育培训针对性和实效性，加强课程体系和师资队伍建设，创新教学方法，改进考核评价办法。要建立经常性培训制度，各地要着眼帮助新型职业农民适应农业产业政策调整、农业科技进步、农产品市场变化和提高农业生产经营水平，明确经常性培训的主要内容、方式方法、培训机构、经费投入和保障措施，建立与干部继续教育、工人岗位培训相类似的新型职业农民全员经常性培训制度。

2.积极探索农业后继者培养途径

在对现有务农农民教育培训的基础上，要以保证农业后继有人为目标，开展农业后继者培养，研究制定相关政策措施，吸引农业院校特别是中高等农业职业院校毕业生回乡务农创业，支持中高等农业职业院校招录农村有志青年特别是专业大户、家庭农场主、合作社带头人的“农二代”，培养爱农、懂农、务农的农业后继者。要把回乡务农创业的大学生、青壮年农民工和退役军人等作为当前农业后继者培养重点，纳入新型职业农民教育培训计划。

3.构建新型职业农民教育培训体系

切实加强新型职业农民教育培训体系建设，不断提高新型职业农民教育培训专业化、标准化水平。要统筹各类教育培训资源，加快构建和完善以农业广播电视学校、农民科技教育培训中心等农民教育培训专门机构为主体，中高等农业职业院校、农技推广服务机构、农业科研院所、农业大学、农业企业和农民合作社广泛参与的新型职业农民教育培训体系，满足新型职业农民多层次、多形式、广覆盖、经常性、制度化的教育培训需求。

（四）农业广播电视学校与新型职业农民培育

农业广播电视学校是公益性农民教育培训专门机构，经过30多年的改革和发展，基本形成了中央、省、市、县四级建制农业广播电视学校和乡村教学点五级办学体系，在我国农民教育培训和农村实用人才培养中发挥着主渠道作用。2013年7月12日，农业部发布《关于加强农业广播电视学校建设加快构建新型职业农民教育培训体系的意见》明确指出："培育新型职业农民是系统工程，要坚持'政府主导、农民主体、需求导向、综合配套'原则，建立完善教育培训、认定管理和政策扶持相互衔接配套的制度体系，大力培养综合素质高、生产经营能力强、适应现代农业发展要求的新型职业农民。在我国这样的农业大国加快发展现代农业，需要培养数以亿计涵盖农业产前、产中、产后，包括生产经营型、专业技能型和社会服务型的新型职业农民，需要加强农业后继者培养和新型职业农民经常性培训。"

加快构建以农业广播电视学校为基础依托的新型职业农民教育培训体系主要体现在以下几个方面：

1. 加强农民教育培训主体建设

各级农业广播电视学校是我国农民教育培训公共服务机

构，是公益性农业社会化服务体系的有机组成部分，是农业部门开展新型职业农民教育培训和农村实用人才培养的主力军。各级农业部门要积极争取当地党委政府和有关部门的支持，把加强农业广播电视学校建设纳入农业社会化服务体系统筹推进，进一步巩固农业广播电视学校农民教育培训主体地位，改善公益基础设施，完善公共服务条件，使其更好地履行农民教育培训、农村实用人才培养、农业技术传播和科学普及等公共服务职能，为构建新型职业农民教育培训体系提供基础依托。

2. 保持和稳定系统办学特色

各级农业广播电视学校是以资源共享为纽带不可分割的有机整体，具有系统办学的鲜明特色和独特优势。在教育体制改革和事业单位分类改革中，要加强对农业广播电视学校的组织领导和业务指导，加强与相关部门沟通协调，强化公益性事业单位性质，保持农业广播电视学校由农业部门主管的体制不变、公益性事业单位的性质不变、独立设置的办学格局不变，稳定办学队伍，强化办学特色，发挥办学优势。

3. 构建“一主多元”体系

坚持“政府主导、行业管理、产业导向、需求牵引”原则，聚合优势资源，形成以农业广播电视学校、农民科技教育培训中心等农民教育培训专门机构为主体，以农业科研院所、农业院校和农技推广服务机构及其他社会力量为补充，以农业园区、农业企业和农民专业合作社为基地，满足新型职业农民多层次、多形式、广覆盖、经常性、制度化教育培训需求的新型职业农民教育培训体系。

4. 建立完善多元参与协作机制

充分发挥各种农民教育培训资源作用，鼓励和支持相关机构积极参与农民教育培训，形成大联合、大协作、大教育、大培训格局。进一步强化农业科研院所、农业院校社会服务功能，鼓励结合科研、教学和推广服务开展农民教育培训。创新农业推广服务方式，支持农技推广服务机构把农民教育培训融入试验示范、成果转化和技术推广中，提高广大农民的技术承接和应用能力。促进农业园区和农业企业发挥产业化经营优势，完善农民教育培训设施条件，建立农民教育培训现场教学和实训基地。农民专业合作社集农民教育培训对象、内容和需求于一体，是农民教育培训服务农业产业发展的有效结合点，要加大对专业合作社参与农民教育培训的扶持力度，组织农民参加教育培训。

（五）中等职业学校与新型职业农民培育

2014年3月14日，教育部办公厅、农业部办公厅发布《中等职业学校新型职业农民培养方案试行》（以下简称《培养方案》），培养具有高度社会责任感和职业道德、良好科学文化素养和自我发展能力、较强农业生产经营和社会化服务能力，适应现代农业发展和新农村建设要求的新型职业农民。

《培养方案》确定的招生对象为：年龄一般在50岁以下，初中毕业以上学历（或具有同等学力），主要从事农业生产、经营、服务和农村社会事业发展等领域工作的务农农民以及农村新增劳动力。招生重点是专业大户、家庭农场经营者、农民合作社负责人、农村经纪人、农业企业经营管理人员、农业社会化服务人员和农村基层干部等。以下对《培养方案》确定的中等职业学校新型职业农民培养的教学安排做简要介绍。

第一，在基本学制方面，新型职业农民中等职业教育实行弹性学制，有效学习年限为2～6年，允许学生采用半农半读、农学交替等方式，分阶段完成学业。

第二，在专业类别方面，新型职业农民中等职业教育分为种植、畜禽养殖、水产养殖、农业工程和经济管理5个专业类，每个专业类包含若干专业方向。

第三，在课程设置方面，分为公共基础课、专业核心课和能力拓展课三大类。三大类的课程设置和选择是开放的，学生可以根据自身生产生活实际选择学习需要的课程，也允许各地根据产业发展的实际需要适当调整课程内容或增开其他课程。

第四，在教学形式方面，包括理论教学和实践教学。理论教学采用课堂教学和远程教学，分别组织学生集中学习和分散学习。实践教学包括实验实习、专业见习、技能实训和岗位实践，采取集中与分散相结合的方式进行。

第五，在教学安排方面，应当合理安排教学时间。根据学生生产经营实际和农时季节特点组织教学，上课作息时间要符合农民生产生活规律，理论教学与实践教学交替进行，农忙时多实践指导生产，农闲时多安排理论教学。要注重学生职业能力形成的逻辑性、衔接性和整体性，使教学过程与生产过程紧密结合，并保持教学内容的科学性和连贯性。同时，应当及时公布开课计划。

第六，实行学分制，以学时数考核学习量，以学分认定学习成果。学时与学分按照16个学时折合1个学分计算。学分计算以课程为基本单位。每完成一门课程的学习，通过相应的考试考核，即可获得该门课程的学分。累计修满2 720学时、获得170学分即可毕业。并且，学生所具备的相应学习培训经历、职业技能和从业经历，经认定可以折合一定的学分。

学生在学制有效期限内完成规定的课程学习，考试考核成绩合格，达到规定的毕业学分数，即可毕业，获得国家承认的中等职业教育学历，由学校颁发中等职业学校毕业证书。毕业证书标明“新型职业农民中等职业教育”字样和所学专业为《中等职业学校专业目录》农林牧渔类所列相应专业，后附所学专业方向和修习课程清单及学分表，并按照现行中等职业教育管理方式，在省级教育行政部门备案。